सान्निध्य-साहित्यकार

गोविन्द मिश्र

वाणी प्रकाशन

वाणी प्रकाशन

4695, 21-ए, दरियागंज, नयी दिल्ली 110 002

शाखा

अशोक राजपथ, पटना 800 004

फ़ोनः +91 11 23273167 फ़ैक्सः +91 11 23275710

www.vaniprakashan.in
vaniprakashan@gmail.com

SANNIDHYA-SAHITYKAR
by Govind Mishra

ISBN : 978-93-5072-567-2
Memoirs

प्रथम संस्करण

मूल्य : ₹ 200

न्यू कृष्णा ऑफ़सेट, दिल्ली-110093 में मुद्रित

वाणी प्रकाशन का लोगो मक़बूल फ़िदा हुसेन की कूची से

भूमिका

जैसे गर्भ में शिशु नाड़े के रास्ते किन-किन चीज़ों से जुड़ा होता है, धमनियों के रास्ते कितने पूर्वज उसकी मज्जा में उतरते होते हैं, कैसे-कैसे संस्कार...कहाँ-कहाँ से।

किसी भाषा में कोई नया जन्मता लेखक उस बिन्दु से ही शुरू हो सकता है जहाँ तक उस भाषा को उसके पूर्ववर्ती साहित्यकार लाये हैं; विधा विशेष में वह वहीं से आगे जाता है जहाँ तक उस भाषा में उस विधा का विकास हुआ है। प्रेमचन्द के समय में भले ही दूर कहीं जेम्स जॉयस रहे हों...लेकिन प्रेमचन्द उपन्यास को वहाँ से ही एक कदम आगे ले जा सकते थे जहाँ तक हिन्दी उपन्यास उनके पहले आया था।

पूर्ववर्ती साहित्यकारों का ऋण गुरु-ऋण है। उनका साहित्य पढ़कर तो उस ऋण से साक्षात्कार होता ही है, अगर उनसे जीवन में भी साक्षात्कार हुआ हो तो? साक्षात्कार भर नहीं...सम्पर्क, उसके भी आगे सम्बन्ध...कहीं-कहीं प्रगाढ़ संबंध भी और ये सब सायास बनाये हुए नहीं, सहज ही उपजे सम्बन्ध ये कितने कीमती होते हैं... इसका अन्दाज उस टीस से लगाया जा सकता है जो रह जाती है अगर सम्बन्ध तो दूर साक्षाकार भी होते-होते रह गया। भीष्म साहनी प्रेमचन्द से मुलाकात का एक मौका चूक गये, तो फिर कभी उनसे सम्पर्क ही न हुआ और वह मलाल भीष्म जी को जीवन भर रहा। जिन दिनों 'निराला' दारागंज इलाहाबाद में रहते थे, मैं प्रयाग विश्वविद्यालय पढ़ने के लिए पहुँचा था। अगर जरा भी इल्म होता कि मैं हिन्दी या किसी भाषा का ही लेखक होऊँगा तो दर्शन कर लेता।

फिर एक समय आता है जब ये लोग एक-एक करके संसार छोड़ने लगते हैं। यों तब भी यह लगता नहीं कि वे हैं नहीं, क्योंकि अपनी पुस्तकों में वे हमारे सिरहाने बराबर बैठे होते हैं—हमें छेड़ते, हम पर हँसते...और हमें सलाह देते हुए तो जरूर...लेकिन उनके शरीर होते समय जो गर्माहट फिजाँ में मिली हुई थी...जो भले ही वे कितनी दूर रहते रहे हों हमारे इर्दगिर्द होती थी...उसमें फर्क पड़ जाता है। साहित्य-संसार के भराव में कहीं कुछ कमी आ जाती है, लेखन कर्म में हमारी ऊर्जा

कहीं से चरमराती है, हमारे उत्साह में कमी आयी दिखती है... इन्हें फिर से जमाना होता है। नज़रें एक से सरककर दूसरे पर जमानी होती हैं, खुद को ढाढस बँधाना होता है... चलो वे नहीं, ये तो हैं... अब भी। समकालीनों पर नज़र जाती है।

हिन्दी में साहित्य-लेखन का यह वह दौर है जब अ-साहित्यिकों से उपेक्षा तो हम झेलते ही हैं, साहित्यिकों में भी लगाव, जुड़ाव, पारस्परिक सम्बन्धों की गर्माहट ... ये कहाँ है। उलटे उपेक्षा क्या... ईर्ष्या-द्वेष यहाँ तक कि करीब-करीब दुश्मनी का भाव। अरे भाई! कम-से-कम उस एक चीज़ का तो सोचो जो हमें बाँधती है कि उस ज़माने में जब करने को एक-से-एक फायदा दिलाने वाली चीज़ें हैं, हम चन्द पागल लोग नुकसान वाले—नहीं, नुकसान तो बहुत हलकी चीज़ है—स्वयं को होम कर देने वाले कर्म में लगे हैं, कबीर की 'जो घर जारै आपना चलै हमारे साथ' वाली परम्परा को आगे की पीढ़ी तक पहुँचाने में लगे हुए हैं। जीवन के अन्तिम दिनों अज्ञेय जी लेखक की बिरादरी वाली बात बहुत करते थे, भीष्म जी विपरीत विचारधारा वाले लेखकों से भी किस उन्मुक्तता से मिलते थे।

अलग-अलग समयों में लिखे गये इन छोटे-छोटे लेखों को आज एक जगह इकट्ठा करने की बड़ी जरूरत महसूस हुई है, क्योंकि फ़िराक़ के शेर का एक टुकड़ा उधार लेकर कहूँ तो—"बड़ी उदास है रात"। मुझे इन सब लोगों की, उनकी भी जिन पर मैं नहीं लिख सका, या जो अब भी हमारे साथ हैं... उनकी सख्त जरूरत है.. कि अपनी जीवनयात्रा जो शेष हैं...उसमें भी लेखन में उतनी आस्था बनाये रह सकूँ। चूँकि मेरी यह मान्यता है कि साहित्यकार कभी दिवंगत नहीं होते, अपनी पुस्तकों में उपलब्ध होते हैं, परवर्ती पीढ़ी के लेखकों में बहते रहते हैं... इसलिए इस संकलन को श्रद्धांजलि संकलन का रूप नहीं दिया। संस्मरण भर नहीं उस तत्त्व को उभारना जो ये लोग थे... साहित्य में उनके योगदान को पहचानना तो। संस्मरणात्मक लेखों के अलावा यहाँ शैलेश मटियानी की कहानियों पर एक विशुद्ध आलोचनात्मक लेख है, तो डॉ. देवीशंकर अवस्थी (जिनसे मैं कभी मिल नहीं पाया) की समझ को साथ लेकर साहित्य और साहित्य-समीक्षा को समझने की कोशिश भी है।

शायद वह सब भी यह नहीं है... हवा है, जो सरसराती हुई गुज़र रही है, या सिर्फ बह रही है...

नहीं, बज रही है।

गोविन्द मिश्र

HX-94, E-7
भोपाल

अनुक्रम

मुझमें बहते जैनेन्द्र कुमार

"रचना अच्छी लगी, कहीं-कहीं बहुत अच्छी लगी। अच्छी के अतिरिक्त सशक्त लगी। सशक्त मुझे कहना पड़ता है, इस कारण कि मेरे अपने मन्तव्य मुझसे छिन गये, स्थगित हो गये और ऐसा लगा कि जो पात्र, चरित्र हैं उनके साथ मेरा इतना तादात्म्य हो गया है कि मैं स्वयं अपने अभिमतों से मुक्त हो सका हूँ।"

यह जैनेन्द्र जी हैं, लिखे हुए वाक्य नहीं...बोले हुए, अज्ञेय जी के गोल्फ लिंक्स वाले घर में 1977 में कभी मेरे उपन्यास 'लाल-पीली जमीन' पर दस-पन्द्रह लेखकों की आपसी, अनौपचारिक बातचीतनुमा गोष्ठी हुई थी...वहाँ विष्णु प्रभाकर, निर्मल वर्मा भी थे। टेप किया था। कैसे मोती से जड़े शब्द...एक-एक महत्वपूर्ण। दार्शनिक प्रवृत्ति वाला व्यक्ति, जो कितना जटिल हो जाता होगा उम्र में वहाँ तक पहुँचते पहुँचते, उसका रचना के मूल्यांकन के लिए इतना निश्छल निकष।

गर्गसंहिता के मथुराखंड के इक्कीसवें और बाईसवें अध्याय में एक कथा आती है। नारद जी घूमते-घामते वेदनगर पहुँचे जहाँ उन्होंने स्त्री-पुरुषों को अंगभंग देखा। पूछने पर स्त्री-पुरुषों ने बताया कि हम लोग राग-रागिनियाँ हैं। हिरण्यगर्भ ब्रह्मा जी के एक पुत्र पैदा हुआ है जिसका नाम है नारद। वह बेसमय ध्रुवपद गाता है। उसके ताल, स्वर से रहित, असामयिक गान-विगानों से हम अंगभंग हो गये हैं। तब नारद जी जाकर सरस्वती जी से शिक्षा लेते हैं। प्रवीण होने के बाद नारद जी के मन में विचार आता है कि मैं किसे सुनाऊँ और वे तुम्बरू नामक अपने शिष्य के साथ श्रीकृष्ण के पास पहुँचते हैं और उनके सामने अपनी कला प्रस्तुत करते हैं। श्रीकृष्ण वीणा की स्वरलहरी में डूब जाते हैं, वे राधा को अपना हाल सुना रहे हैं :

"मैं उस वीणा की प्रशंसनीय स्वरलहरी की सराहना करने लगा। अन्ततोगत्वा प्रेम के वशीभूत हो मैं जलरूप हो गया। मेरे दिव्य शरीर से जो जल प्रकट हुआ उसे ब्रह्मद्रव के नाम से लोग जानते हैं। उसके भीतर कोटि-कोटि ब्रह्मांड राशियाँ लुढ़कता रहती हैं।"

साहित्य-कला का रस...जलरूप हो जाना...उसमें लुढ़कती हुई कोटि-कोटि ब्रह्मांड राशियाँ। कैसी सुन्दर परिकल्पना है।

उपर्युक्त वाक्य को जैनेन्द्र जी के वाक्य से मिला कर देखें। मैं नहीं समझता

कि जैनेन्द्र जी ने नारद वाला यह उपाख्यान पढ़ा होगा, पढ़ा होगा तो इस दृष्टि से और उन्हें तब याद भी होगा। परम्परा शायद इस तरह पीढ़ी-दर-पीढ़ी बहती है। ऋषि-मुनि, बड़े रचनाकार ऋजुता की स्थिति में पहुँचकर इस तरह करीब-करीब एक जैसी बात सोच लेते हैं...क्योंकि तब प्रकृति उनमें से होकर बहती है।

जैनेन्द्र जी से परिचय तब औपचारिक से आगे का नहीं था। मैं मुग्ध हो गया ...इतना बड़ा साहित्यकार और यह सरलता, निश्छलता। जैनेन्द्र जी को ध्वस्त करने में व्यस्त नयी कहानी के प्रवर्तक लेखकों ने क्या-क्या कहा, पिछले दिनों पढ़ा था, वह सब ऐसे बह गया जैसे पहली तगड़ी बरसात में सड़क का कूड़ा-कचरा बह जाता है। मैंने देखा कि अरे यह व्यक्ति तो पुराण-पुरुष है। हुआ भी वैसा कुछ—नयी कहानी के प्रवर्तक, लेखक, आलोचक स्वयं को छोटा करते चले गये, उन्होंने जैनेन्द्र को छोटा करने की जितनी कोशिश की। जैनेन्द्र जी उतने ही बड़े हुए।

उस दिन गोष्ठी में जैनेन्द्र जी की एक और विशेषता देखने में आयी थी। वे किसी रचना के सन्दर्भ में खासे विस्तार में जाते हैं। इसे या किसी भी रचना के लिए अच्छा-अच्छा कहने को उनका उदारवाद कहकर मजाक का विषय बनाये जाते भी मैंने देखा है। पर अब समझ में आता है कि यह तो सृजनात्मकता के लिए आदरभाव है जो उस पीढ़ी के साहित्यकारों में था...बाद में तिरोहित होता गया है। यह विष्णु प्रभाकर में दिखायी दे जायेगा, नागर जी में है कि रचना की तारीफ में अतिशयोक्ति हो जाये तो कोई दोष नहीं, जिस किसी रचना के पीछे गम्भीर सृजनात्मक श्रम है, उसे आदर देना, भले ही अभी उसका वह स्तर न हो। जैनेन्द्र जी जो हर गोष्ठी में पहुँच जाते रहे हैं, उसके पीछे यही है।

जैनेन्द्र जी के साथ आत्मीयता क्रमशः बढ़ती गयी। यह आत्मीयता दो पीढ़ियों के समकालीन लेखकों, बड़े-छोटे भाइयों, सम्पर्क-सामीप्य की आत्मीयता मात्र नहीं थी। देखते-देखते एक बड़ा खूबसूरत सम्बन्ध बन गया, जहाँ जैनेन्द्र जी के पास होना चलते-फिरते साहित्य के पास होना था। जब मन करता मैं उनके दरियांगज वाले मकान में चला जाता। जिस उम्र में लोग कटकर अपने में संकुचित होने लगते हैं उसमें जैनेन्द्र जी नये-नये लेखकों से सम्पर्क बनाने को बेचैन। एक दिन बोले, "भाई, तुम्हारा नया कहानी संग्रह आया, तुमने नहीं दिया।" मैंने कहा, "जैनेन्द्र जी, मैंने सोचा कि आपको ये सभी छोटी-छोटी किताबें पढ़ने के परिश्रम से बचाऊँ" बोले, "वाह! कहानियों को छोटा कहोगे तो मेरे आधे लेखन को तो यों ही साफ कर दोगे।" उनके साथ अकसर उम्र का भान तिरोहित हो जाता था, जिस तरह मजा लेते हुए वे प्रेमिका के पक्षधर बनते थे! दिल्ली के 'टाइम्स ऑफ इंडिया' के गेस्ट हाउस वाले प्रांगण में कोई कार्यक्रम था। मैं कुछ नौजवान साथियों को अपने नये उपन्यास के विषय में बता रहा था। पीछे से जैनेन्द्र जी आये, बोले, "क्या विषय है उपन्यास का तुम्हारे?" मैंने कहा, "प्रेम", तो तपाक से बोले, "और विषय हो ही क्या सकता है साहित्य का?"

उस जमाने में जब आधुनिकता और पश्चिम के प्रभाव के चलते साहित्यकार का व्यक्तित्व काफी हद तक बुद्धि द्वारा अनुशासित, सजा-सँवरा हो गया हो, जैनेन्द्र जी काफी ऊबड़-खाबड़ हैं। इस मायने में उनका व्यक्तित्व सचमुच किसी बड़े उपन्यास के महाकाव्यात्मक कलेवर जैसा है। परतें-ही-परतें—कहीं जटिल, गम्भीर, विराट कहीं सरल यहाँ तक कि उथले। कभी बहुआयामी। कहीं यह कि साहित्यकार से भी सिमटते-सिमटते मात्र विचारक, चिन्तक या कि सिर्फ एक छोटे-से गाँधीवादी। वे अपनी किसी गढ़ी हुई प्रतिमा को जैसे बार-बार खण्डित करते नजर आयेंगे। बड़ी गम्भीरता से स्थापित करेंगे कि पैसे की जरूरत ने उन्हें साहित्यकार बनाया, पैसा उनसे आज भी लिखवाता है या कि पैसे के लिए उनकी ललक अब भी बहुत है। या कि फिर बोलेंगे कि पिछले पच्चीस वर्षों से उन्होंने कुछ लिखा ही नहीं। ऐसे में मैंने पीछे से फुसफुसा दिया—दशार्क?...तो उँगलियों से उसे सरकाते हुए कहेंगे, "अरे, वह तो ऐसे ही।" पर यही जैनेन्द्र कभी अपने वजन के प्रति जबर्दस्त ढंग से सचेत भी हो जाते हैं। कलकत्ता कथा-समारोह (84) में जैनेन्द्र जी ही छाये रहे (उसके पहले सम्भवतः, 65 में भी जो हुआ था, उसमें भी वे ही वे थे...जो आता उन्हीं पर प्रहार करता!) बटरोही ने 'दशार्क' का हवाला देते हुए कहा कि जैनेन्द्र जी को अब लिखना बन्द कर देना चाहिए। जैनेन्द्र जी जब मंच पर आये तो बोले, "अब ये हमें सिखायेंगे लिखना।" उतना ही काफी था।

जैनेन्द्र जी मुक्त होकर बोलते थे, भाषण आलाप-सा शुरू होता, संगीत की तरह धीरे-धीरे फैलता था कि जैसे आप किसी बड़ी साहित्यिक कृति से गुजर रहे हों, उतार-चढ़ाव, कहाँ-से-कहाँ। कभी इतने सपाट चले जा रहे हैं कि सुनने वाले बोर होने लगें कि एकाएक किसी ऊँचाई पर फटाक से पहुँच जायेंगे। फिर सरस्वती कैसे-कैसे चुने शब्द उन तक भेजती चली जायेंगी। मेरे आग्रह पर वे बम्बई में समकालीन साहित्य सम्मेलन का उद्घाटन करने आये, तब उन्होंने मुझे बताया भी कि उनकी सृजनात्मक छटपटाहट इन दिनों बोलने में निकलती है, सृजन का सुख बोलने में मिल जाता है। अज्ञेय जी अपने बोले हुए को भी बड़ा सहेज कर रखते थे, जैनेन्द्र जी एकदम उलटे...परम लापरवाह। इसलिए कितने महत्त्वपूर्ण भाषण खो गये होंगे। पर यही फर्क उन्हें ज्यादा मानवीय, अपने लिए कम दूसरों के लिए ज्यादा सोचने वाला व्यक्ति भी बनाता है। जैनेन्द्र जी ने जवाहरलाल और गाँधी का फर्क कइयों को दर्जनों बार सुनाया होगा—जवाहरलाल से मिलकर कोई आदमी उन्नीस से अठारह ही होकर लौटता था, गाँधी से मिलकर वह बीस हो जाता था। मेरा खयाल है, यही गाँधी और जवाहरलाल का फर्क स्वयं जैनेन्द्र और अज्ञेय में था।

मेरे बम्बई आने पर भी जैनेन्द्र जी के साथ खूब बैठकें हुईं। सम्भवतः जितनी बार वे आये कुछ मेरे घर पर भी—लम्बी, घंटों चलने वाली—जिसमें भारती जी, डॉ. चन्द्रकान्त बांदिवडेकर भी अमूमन शामिल। बातचीत में एक किनारे चुपचाप बैठी

होती थी एक आकृति—श्रीमती जैनेन्द्र कुमार। जैनेन्द्र जी प्रेमिका बनाम पत्नी, प्रेम का असली स्वरूप आदि-आदि पर टीका-टिप्पणी करते होते...उन्हें चुपचाप देखती सुनती, अपने ढंग से आनन्द भी लेती हुईं वे। जब वे दोनों घर आते थे तो हमारा घर ऐसे सज उठता जैसे आत्मीयों के आने पर ही हो सकता है।

मैं दिल्ली गया हुआ था कि खबर मिली कि तीन दिन पहले श्रीमती जैनेन्द्र कुमार का स्वर्गवास हो गया। मैं हुच्च से रह गया...जितनी खामोश वे जीवन में, वैसे ही खामोशी से...। जैनेन्द्र जी की प्रेम की यह स्थापना कि पत्नी से प्रेम हो ही नहीं सकता—उसके बावजूद, रोज जैनेन्द्र जी के खाने भर के लिए स्वयं गेहूँ पीसना। एक यह प्रेम भी। सीधा जैनेन्द्र जी के घर पहुँचा। ईश्वर को धन्यवाद दिया कि जैनेन्द्र जी ठीक-ठीक थे, मुझे भरोसा था कि उनको उनका दार्शनिक व्यक्तित्व सँभाल ले जायेगा।

सँभाला तो...लेकिन अगली बार इस्कॉन में हो रहे किसी सम्मेलन में भाग लेने जब वे बम्बई आये तो दिखायी दिया—कैसे किसी अभिन्न का उठ जाना भीतर कहीं आकर बैठ जाता है, कभी न जाने के लिए। मेरे घर में चार-पाँच घंटे की बैठक हुई, भारती जी चले गये। फिर महेन्द्र कुलश्रेष्ठ और मैं उन्हें दादा धर्माधिकारी और रेलवे में उनके एक मित्र से मिलाने ले गये।

वहाँ एक के बाद एक ने पूछा—दीदी (श्रीभ्मती जैनेन्द्र कुमार) नहीं आयीं; और जैनेन्द्र जी बाहर से तो यों बोले कि वे तो गयीं...इतनी मामूली बात, पर भीतर वही उतनी ही गहराई से चोट करता हुआ। लौटते हुए वे खामोश थे। भवों के नीचे अथाह पीड़ा रंग रही थी। बेमन से खाना खाया, मेरे यहाँ रुकने की बात थी, नहीं रुके और अगले दिन सुना, इस्कॉन के भाषण में भी बहक गये थे। कुछ महीनों ही में पक्षाघात की सूचना मिली।

ओखला में उनसे मिलने गया। लिखना-बोलना, दोनों बन्द। देखा, सृजनात्मकता, जो कभी लिखने में उतरी, फिर बोलने में...अब सिर्फ छटपटा छटपटा पड़ती है। लहर जैसे उमंग लेकर उठे, उमड़े-घुमड़े पर वहीं-की-वहीं रह जाये। जैनेन्द्र जी बिलख-बिलख पड़ते हैं। हम बाहर से कुछ दिखाते रहें, उन्हें ऐसे देख हमारा मन भी भीतर-भीतर टूटता है। ओखला में उस रोज हवा के गड्ढों में मैं ढूँढ़ रहा था जैनेन्द्र जी के बेहद जाने-पहचाने स्वर! शब्दों को जैनेन्द्र जी ऐसे खींचते थे जैसे कोई सितारवादक नयी और गहरी लहरी उत्पन्न करने के लिए तार को नीचे बार-बार खींचता है...तो मैं ए-ए-ए-ए...समझता हूँ। जैनेन्द्र जी के साथ बम्बई में हुई बातचीत का टेप सुनकर जी बहला लेता हूँ अब!

यह मानना मुझसे नहीं हो पाता कि वह हम हैं जो लिखते हैं, हम सर्जक! साहित्यकार की बात उठते ही हमेशा मेरे सामने वृक्ष की छवि सजा करती है... धूप-ताप, बरसात झेलता हुआ और वह देता हुआ जो प्रकृति का उससे अभीष्ट है।

हर मौसम में वृक्ष में फल भी नहीं लगते।

फल न लगते हों...इस बड़े वृक्ष की छाया तो है हम सबके लिए।

एक साहित्यकार का जीवन एक व्यक्ति का जीवन नहीं होता। जैनेन्द्र कुमार मुझमें हैं, मुझसे होते हुए मेरे बाद में लेखकों में जायेंगे। जहाँ सीमा एक व्यक्ति, एक शरीर की नहीं वहाँ जीवन का कोई अध्याय निरर्थक कैसे हो सकता है? जैनेन्द्र की सृजनात्मकता जैसे एक दौर में लिखने से बोलने में सरक गयी थी वैसे ही यह भी एक दौर है। जब यह सृजनात्मकता मुझ जैसे कइयों के माध्यम से बहती चली है, तो सचमुच जैसे जैनेन्द्र जी के अपने नाम-यश आदि की सीमाओं को लाँघकर बहुत ऊपर उठ गयी है।

प्रकृति द्वारा किसी बड़ी रचना की सृष्टि...उससे भी बड़ी कोई सर्जना का उपक्रम है यह शायद। अनाम ऋषि साहित्यकारों द्वारा रचे गये वेद इसीलिए आज भी संसार के श्रेष्ठ साहित्य से ऊपर ठहरते हैं। मेरा नाम, मेरा यश, इनके ऊपर उठ लेना...जो ऋषि-मुनियों को कठिन तपस्या के रास्ते से भी दुर्लभ होता है, वही कभी-कभी साहित्यकार को स्थूल जीवन के कष्ट भोगने के क्रम में सुलभ हो जाता है।

जैनेन्द्र जी को अपने में महसूस कर मैं रोमांचित हो ही उठता हूँ।

सचमुच अज्ञेय

अज्ञेय जी से मेरी पहली मुलाकात मेरे घर पर हुई थी। मैं तब नेताजी नगर, दिल्ली में रहता था। अज्ञेय जी विदेश से इला जी के साथ लौटे थे और वसन्त विहार में रहते थे। उन्होंने 'नया प्रतीक' निकालना शुरू किया था और मेरे जैसे नये कथाकार से नया प्रतीक के लिए कहानी माँगने आये थे। मैंने जब इस बात का जिक्र अपने साहित्यकार मित्रों से किया तो वे मुझे तरह-तरह से आगाह करने लगे—तुम 'नया प्रतीक' में छपोगे तो बदनाम हो जाओगे, उनसे जुड़ोगे तो तुम्हारी छवि प्रतिक्रियावादी की हो जाएगी...वगैरह वगैरह। साहित्य-जगत की राजनीति का यह पहला झटका था, जो मुझे लगा। मैं तो इसी बात से अभिभूत था कि वे नये-से-नये लेखकों के रचनाकर्म में दिलचस्पी रखते हैं, उन्हें पढ़ते हैं। मैं इसी बात पर अड़ा और 'नया प्रतीक' में धड़ल्ले से छपता रहा, मेरी छवि जो बने बनती रहे। उस दौरान हिन्दी कहानी की लेखमाला के अन्तर्गत मैंने अज्ञेय जी की आलोचना भी की...पर वह लेख भी बिना किसी संशोधन के अज्ञेय जी ने छापा।

उनसे मिलना-जुलना होता रहा। तभी मेरा उपन्यास 'लाल पीली ज़मीन' प्रकाशित हुआ। अज्ञेय जी ने न केवल उसे पढ़ा, उस पर साहित्यकारों की एक अन्तरंग गोष्ठी अपने घर पर आयोजित की (तब वे गोल्फ लिंक्स में आ गये थे) जिसमें जैनेन्द्र कुमार, नेमिचन्द्र जैन, चन्द्रगुप्त विद्यालंकार, विष्णु प्रभाकर, निर्मल वर्मा आदि शीर्षस्थ लेखक सम्मिलित हुए। गोष्ठी में सब दरी पर बैठे थे और अज्ञेय जी कैमरे को स्टैंड पर फिट करके फोटो ले रहे थे। जहाँ जैनेन्द्र जी समेत अन्य साहित्यकार 'लाल पीली ज़मीन' की प्रशंसा कर रहे थे, अज्ञेय जी ने उपन्यास की खासी आलोचना की, एक बार तो मुझसे सीधा सवाल किया—'आपने उपन्यास का पहला अध्याय सबसे बाद में लिखा है क्या'...जो सही था। उस रास्ते उपन्यास की रचना-प्रक्रिया में जाकर उन्होंने उपन्यास को कठघरे में खड़ा किया, अलबत्ता उपन्यास की भाषा की तारीफ़ की। आज सोचता हूँ तो लगता है लेखकों की आपसी बैठक (जिसमें श्रोता न हों) ऐसी ही होनी चाहिए जिसमें एक किताब के माध्यम से, उसकी रचनां-प्रक्रिया में उतरकर हम एक-दूसरे के मार्गदर्शक तो नहीं, एक-दूसरे को संस्कारित करने का काम कर सकते हैं।

लेखकों के इस तरह के आपसी साहित्यिक वार्तालाप के आग्रही अज्ञेय जी हमेशा रहे। ज्ञानपीठ मिलने के बाद उस पैसे में कुछ अपने भी मिलाकर उन्होंने 'वत्सलनिधि' की स्थापना की जिसके अन्तर्गत लेखकों की यात्राएँ और लेखक शिविर भी आयोजित किये। यात्राओं में तो मैं नहीं जा सका, वृन्दावन और बरगीनगर के दो शिविरों में ज़रूर शामिल हुआ। बरगीनगर शिविर के लिए मैंने अज्ञेय जी को प्रियंवद और महेश कटारे के नाम सुझाये। वे इन लेखकों से परिचित नहीं थे, लेकिन उन्होंने मेरी अनुशंसा पर दोनों को ही शिविर में सम्मिलित किया। यह वत्सलनिधि की प्रजातन्त्रात्मकता को दर्शाता है। बरगीनगर में मैंने वरिष्ठ लेखकों के बीच हाल ही में लिखी अपनी कहानी 'पगला बाबा' पढ़ी। कहानी के विषय और संवेदनात्मकता के कारण कहानी-पाठ की समाप्ति पर सभी साहित्यकार चुप...अज्ञेय जी सभी को टिप्पणियों के लिए उकसा रहे थे...उनके अनुसार वैसी अन्तरंग गोष्ठी में आलोचनात्मक टिप्पणियाँ होनी ही चाहिए...फिर भी सब चुप रहे। आखिर डॉ. रामस्वरूप चतुर्वेदी ने कहा—'इस मौन को कहानी का अभिनन्दन मान लिया जाये?' बात अज्ञेय जी के गले के नीचे न उतरी...पर चतुर्वेदी जी की बात का मान रखते हुए फिर वे भी कहानी पर कुछ न बोले, जबकि उनका लेखकीय कद वहाँ सबसे ऊँचा था।

एक बात...बल्कि दो बातें—मैं अपने अनुभव से बिल्कुल कह सकता हूँ। एक—कि अज्ञेय जी के इन आयोजनों में कहीं अपना घेरा या ग्रुप बनाने जैसी बात दूर-दूर तक नहीं थी। दूसरे—जो हलका अन्देशा मुझे हुआ था जब अज्ञेय जी मेरे घर आये थे कि शायद वे मुझ जैसे लोगों का पत्रिका के विज्ञापन आदि के लिए इस्तेमाल करें—एक बार भी साहित्यिक सहयोग के अलावा अज्ञेय जी ने कभी किसी चीज़ का जिक्र तक नहीं किया। यह बात जैनेन्द्र कुमार जी के लिए भी मैं कह सकता हूँ, जबकि उनके पुत्र का पूर्वोदय प्रकाशन तब आर्थिक संकट में था। (ये सचमुच बड़े लोग थे)। अज्ञेय जी में आत्मसम्मान की भावना कूट-कूट कर भरी थी। कभी-कभी तो वे अति भी करते थे। सालों बाद मुम्बई में मेरे घर पर नरेन्द्र शर्मा, डॉ. बान्दिवडेकर और मेरी अनौपचारिक बातचीत रिकॉर्ड हो रही थी। उसके बाद मेरी पत्नी ने भोजन के लिए सबसे कहा, अज्ञेय जी ने मना कर दिया—'आपने भोजन के लिए कहाँ निमन्त्रित किया था, मैं तो सिर्फ़ बातचीत रिकॉर्ड कराने के लिए आया हूँ।' कितना कहा, उन्होंने नहीं ही खाया।

जीवन में सिर्फ़ एक बार अज्ञेय जी के साथ शराब पीने का सौभाग्य मिला। तब वे इला जी के साथ कैवेंटर्स लेन में रहते थे। वहाँ एक पेड़ के ऊपर अज्ञेय जी ने अपनी कल्पनानुसार एक बैठकी भी बनाई थी। उस दिन जब मैं पहुँचा तो बारिश हो रही थी। इला जी ने मुझे ड्राइंग रूप में बिठाया, कमरे से अज्ञेय जी झाँककर अंग्रेज़ी में बोले—"केयर टु हैव सम व्हिस्की?"

पुनः आऊँगा : अज्ञेय

"हवा...और-और गरम होती हुई, गति भी हर झोंके के साथ और तेज...झरते पत्तों की कहीं तो बरसात-सी...पेड़ों के नीचे सूखे पत्तों का अम्बार...

कैवेंटर्स लेन! यहाँ कितनी बार ही तो आया होऊँगा, इस मौसम में भी...पर पतझर का यह अहसास! पतझर भीतर-बाहर, हर जगह! टूटना, झरना...गरम हवा हलक तक धँसी हुई, विषाद आत्मा से आँखों तक, आँखें जहाँ तक देख सकें वहाँ तक...

दिल्ली इस बार बंजर दिखती है। जब से जैनेन्द्र जी के पक्षाघात की खबर सुनी थी तभी से उन्हें देखने के लिए कसमसा रहा था मन, कि कल अज्ञेय जी के न रहने की खबर...दौड़ा चला आया।

बार-बार भ्रम होता है कि मैं सिर्फ़ बरामदे में हूँ। घंटी दबायी है। वे किसी भी क्षण प्रकट हो जायेंगे—सफेद कपड़े, सफेद दाढ़ी और-और चश्मे के पास आँखें मुसकरातीं, मुस्कुराहट को सँभालतीं कि कहीं चू न पड़े...शरमाती...जैसे आप ऐन सामने कली का फूल में खिलना देख रहे हों।

उनकी एक-एक क्रिया—पलक झपकाना तक—जैसे उनसे संस्कार पाकर निसृत होती थी। मैंने पहली बार उन्हें देखा था जब मैं नेताजी नगर, दिल्ली में रहता था और वे विदेश से लौटे ही थे और वसन्त विहार में रहते थे। 'नया प्रतीक' या तो निकलने वाला था या एक-दो अंक ही निकले थे। वे मुझसे अपनी रचनाएँ देने के लिए कहने मेरे घर आये थे...मैं करीब-करीब नया लेखक, साहित्य जैसे स्वयं मुझमें गौरव भरने चला आया था। भव्य रूप, स्वच्छता और सौन्दर्य छलक-छलक पड़ते हुए, संवेदनशीलता लहरों में उठती, गिरती, बहती कि सामने वाला नहा-नहा जाये। बोलना...जैसे साहित्य स्वयं को रच रहा हो। सुरुचिसम्पन्न शब्द, लय और गति के उपयुक्त प्रयोग से संगीत की अन्तर्ध्वनि पैदा करते और अनन्त अनकहा छोड़ते हुए...

फिर कितना-कितना मिलना हुआ—वसन्त विहार, गोल्फ लिंक्स, कैवेंटर्स लेन। गोल्फ लिंक्स में तो उन्होंने 'लाल-पीली जमीन' पर गोष्ठी भी रखी थी। स्नेह बहुत मिला पर अन्तरंग होने का अहसास हाथ से छूट-छूट जाता था। सब कहते हैं, ऐसा

उनका स्वभाव था...पर आज मैं सोचता हूँ—साहित्य में भी तो कहीं आप अपने वृत्त की सीमारेखा को छूकर, फिर उसके आसपास ही घूमते रहते हैं। उसके पार नहीं जा सकते। उनके आसपास हो लेने मात्र से मेरा साहित्य से लगाव गहराता था।

यह कहना गलत होगा कि अज्ञेय जी का सब कुछ मुझे अच्छा लगता था। किसके साथ हो पाता है ऐसा? कुछ तो खासा खराब लगता था...पर उन्हें लेकर बहुत ही अनायास ढंग से ऐसा हो जाता कि मैं देखता कि ये जो दीगर बातें हैं वे वात्स्यायन जी के चलते चोले की हैं, उसकी नहीं जिससे मेरा साक्षात्कार है। इस दृष्टि से उनके नाम वात्स्यायन और 'अज्ञेय' उपयुक्त, कम-से-कम मेरे लिए बहुत सुविधाजनक थे। मेरा यह दो स्तरों का सम्प्रेषण वे समझते थे। तभी ऐसा हो सका कि अपनी तरफ से गलतफहमी के दर्जनों मौके देने के बावजूद उन्होंने मुझे कभी गलत नहीं समझा। उनका स्नेह बराबर मुझे मिला। फ्रैंकफुर्त मेले में जाने के पहले वे बम्बई आये थे। उनके साथ डॉ. बान्दि और मेरी एक वार्त्ता टी.वी. पर रिकॉर्ड हुई थी। उसमें अनायास ही वे ऐसा कुछ बोल गये कि उन्हें अब यह भी सोचना है कि कितना समय उनके पास है... और मैं भी ऐसा कुछ पूछ गया कि वे क्या सोचते हैं जीवन में क्या कुछ छूटा, क्या वे नहीं कर पाये। ये शायद उस परमशक्ति की पदचाप थे जो कुछ ही महीनों में उन्हें लेने आने वाली थी।

टी.वी. रिकॉर्डिंग के बाद हम तीनों मेरे घर आ गये। भोजन के बाद किस निश्चिन्तता से बैठे थे...अज्ञेय जी ऊपर सोफे पर, हम दोनों फर्श पर नीचे। कितनी बातें, यात्रा की योजनाएँ, योजनाओं पर चर्चे...उस निश्चिन्त भाव से इतनी देर बैठना, बोलना भी हम दोनों की बराबरी से...पहले ऐसा कभी नहीं हुआ था।

उनके साथ कुछ और रहना होता, हम उनसे कुछ और सीख लेते। शायद जीवन की यह सबसे बड़ी विडम्बना है कि हम खोकर ही समझ पाते हैं कि किस व्यक्ति से कितना लेना था अभी। ऋषि-भाव और सौन्दर्य-पूजा, परम्परा में आस्था और आधुनिकता की स्वतन्त्रता भी, फक्कड़ी और वातानुकूलित स्टडी, लहर की तरह बह भी जाना और अपनी शक्तियों के सही संचय और सही उपयोग के लिए जबरदस्त अनुशासन...ऐसे कितने बिरले संगम मिलते हैं उनके यहाँ। लेखक की तसवीर से कितनी भिन्न तसवीर है यह...सौन्दर्य, समृद्धि, गरिमा जैसे मूल्यों को स्वयं से चिपकाये हुए। किसी एक हिन्दी लेखक ने साहित्यकार की गरिमा को इतना नहीं उठाया जितना अज्ञेय ने।

अन्तिम यात्रा में उन्हें कन्धा देते हुए मन में यह भाव बार-बार आ रहा था कि जो चीजें उन्हें दूर से देखकर भी मैं आत्मसात करता था, वे अन्तिम बार पास से और ले लूँ, ले लूँ—वह यायावरी, वह ऋषित्व, वह अपनी परम्परा से जुड़े रहना, वह परिश्रम, प्रकृति से वह लगाव...

दरख्तों के ऊपरी हिस्से सूखी झाड़ियों से निकल आये हैं। नीचे किन्हीं-किन्हीं

डालियों पर छितरे पत्ते...खरखराते, बारी-बारी से नीचे जाते, बहते हुए कहाँ-से-कहाँ, किस मिट्टी में मिलेंगे, फिर कहाँ पैदा होंगे...

डगर चढ़ती उमंगों-सी
बिछी पैरों में नदी
ज्यों दर्द की रेखा!
विहग शिशु मौन
नीड़ों में!
मैंने आँख भर देखा
दिया मन को दिलासा—
पुनः आऊँगा
(भले ही बरस, दिन, अनगिन युगों के बाद!)
क्षितिज ने पलक-सी खोली—
दमक कर दामिनी बोली—
'अरे यायावर! रहेगा याद?'

अज्ञेय की यह खूब जानी-पहचानी कविता आज उन्हीं को सुनाने का मन करता है—'आप तो यहाँ की यायावरी समाप्त कर, अनन्त की यात्रा पर निकल गये... पर जो तब दामिनी ने कहा था उसकी याद दिला दूँ, दिलाता रहूँगा—उसी रूप में आना सम्भव नहीं तो हममें उतरो, नये-से-नये साहित्यकार में अवतरित हो।'

पंछी की उड़ान : भवानी प्रसाद मिश्र

फरवरी की ही सोलह तारीख। राजघाट के पास रिंग रोड से गुजर रहा था कि एकाएक मन हो आया भवानी भाई से मिलते चलने का। तभी याद आया कि वे तो दिल्ली छोड़ अब नरसिंहपुर में रहने लगे हैं। गाँधी स्मारक निधि वाला उनका निवास... किवाड़ बन्द, बाहर कूलर का घास-फूसी चौखटा अब भी...यहीं उनके साथ कई बैठकें हुई थीं, वह भी जिसमें वे वापस अपने गाँव जाने के बारे में उत्साह से बताते रहे थे...मैं आगे बढ़ गया। चार दिन बाद उनके देहान्त की खबर सुनी...और मैं सोचता रह गया कि जब मैं राजघाट के पास से गुजर रहा था, शायद उस वक्त भवानी भाई ने—वे जहाँ भी थे—मुझे, अपने सभी अनुज लेखक-कवियों को आवाज दी हो...

भवानी भाई से अन्तिम मुलाकात बम्बई विश्वविद्यालय की एक संगोष्ठी में हुई थी। हम दोनों ही वक्ता। मैंने साहित्य के छोटे पाठक समुदाय की बात की थी तो भवानी भाई ने तबीयत से मुझे काटा, "लोग क्यों नहीं सुनेंगे मेरी कविता, मैं सुनाऊँगा...नुक्कड़-नुक्कड़ पर खड़ा होकर सुनाऊँगा।" उस समय उनकी मुद्रा थोड़ी नाटकीय लगी थी लेकिन सचमुच यही तो थे भवानी भाई। अपने पेसमेकर की परवाह न करके बराबर यात्रा करते हुए...एक कोने से दूसरे कोने तक अपनी आवाज पहुँचाते हुए। हर बैठक में उनका जो एक खास ओज था वह आगे बढ़ बढ़कर बोलता था। कविता में वह आशावाद, तेजस्वी हँसी के रूप में बराबर बोलता है :

मैं काले परदों
पर मायूस चक्करों के
खिलाफ हूँ
परदों को उठाऊँगा
आसमान के काले पड़ते हुए
सितारों को
अपने भीतर का
उजाला पिलाऊँगा।

यह कवि सम्मेलन में वीर रस की कविता पढ़ने वाले का ओज नहीं है...इसके भीतर बहुत कुछ ठोस था, आत्मविश्वास उस वृक्ष का जो ऊँचा खड़ा है क्योंकि उसकी जड़ें अपनी जमीन में दूर तक फैली हैं। इसलिए भवानी भाई अगर किसी विचारधारा के पास फटक सकते थे तो वह गाँधीवाद ही हो सकता था। लोगों की बोलचाल की भाषा में से ही उनकी कविता निकलती चली आती थी, बात भी हमेशा ही सीधी-सादी, बगैर किसी लाग-लपेट के :

हर बात का
वक्त होता है
आज अगर
आँख का पानी
रक्त होता है
तो समझो इसे भी
जिसे भी रँगना चाहो
रँगो आज अपने रक्त से
आँखें मत चुराओ वक्त से
हर बात का वक्त होता है।

उच्चासन से भारी-भरकम बातों को ऐंठ-ऐठकर सुनने वालों पर थोपने की बजाय जैसे कोई अपना ही भाई-बन्धु बगल में बैठा अपने सुख-दुःख की बातें कर रहा हो। समकालीन कितने कवि, उनसे आयु में छोटे, विचारक की त्यौरियाँ चढ़ाये आसपास घूमते रहते थे। भवानी भाई 'बुद्धि से कहाँ मिलती है प्रेरणा, वह तो प्राणों से मिलती है' जैसे विश्वासों के सहारे अपनी सरलता से चिपके रहे...और वह भी कवि सम्मेलनीय कवि की अस्पृश्य (!) जाति में ढकेल दिये जाने के खतरे को बराबर झेलते हुए। गद्य, खासतौर से उपन्याास पढ़ने के बहुत शौकीन भवानी भाई की कविता भी अकसर गद्यात्मकता और कथात्मकता लिए हुए मिलती है :

बहुत नहीं थे सिर्फ चार कौए थे काले
उन्होंने यह तय किया कि सारे उड़ाने वाले
उनके ढंग से उड़ें, रुकें, खायें ओर गायें
वे जिसको त्योहार कहें, सब उसे मनायें
कभी कभी जादू हो जाता है दुनिया में
दुनिया भर के गुण दिखते हैं औगुनिया में
ये औगुनिए चार बड़े सरताज हो गये
इनके नौकर चील, गरुड़ और बाज हो गये।

कैसा अच्छा शब्द 'औगुनिया'...जमीन की महक से सराबोर।

भवानी भाई के बहुत निकट के लोगों में मैं नहीं था, पर उनका स्नेह मुझे खूब मिला। कई लोगों को उनमें कई दुर्गुण नजर आते थे...होंगे, सन्तों में भी मिलते हैं। मुझे तो भवानी भाई के भीतर स्वयं वे हमेशा एक निर्झर ही दिखायी दिया जो बेझिझक भल भल बहता रहता। कभी वे विनोद में स्वयं को 'बड़बड़िया' कहा भी करते थे। मनमौजी, बड़बड़िया की तरह कवि भी स्वभावतः ही थे। स्वभाव से कहाँ पिण्ड छूटता है, सो कविता लिखा जाना भी कहाँ बन्द होना था। लेकिन स्वभाव भी कहाँ से आया...बैतूल के जंगल और नर्मदा के जल से ही तो? जो भवानी भाई ने बोला, लिखा, सुनाया...उसने तो कितनों को थरथराया होगा, मुझ तक उनकी वह आवाज भी आयी है जो पता नहीं, बोली भी गयी, बोली गयी तो कैसे...कितनी और किससे...या क्या पता मुझी से, भले ही मैं सामने न रहा हूँ—'नदियों से जुड़े रहोगे तो सूखोगे नहीं, अपनी मिट्टी की छुअन भी मन को दिये रहे तो कविता बराबर फूटती चली आयेगी।'

किस हद तक जमीन से जुड़ा हुआ व्यक्ति था वह जो दिल्ली में इतने साल गुजारने के बाद अन्त में वापस अपनी भूमि नरसिंहपुर पहुँच गया...जैसे एक वृत्त पूरा करने कि जिस जमीन से फूल उगे वहीं गिरे, वहाँ की धूल में मिल जाये ताकि उस जाति के और अंकुर फूटें। कवि या लेखक का इस तरह झर जाना...ऐसे कि आवाज तक न हो...यही अन्त है जिसका सपना मैं अपने लिए भी देखा करता हूँ...अपनी आवाज के आगे धीमे पड़ते हुए, अपनी रचनाओं के सामने छोटे होते जाते हुए। भवानी भाई का अन्त जैसे कुछ अन्य हो ही नहीं सकता था...वे जिस तरह स्वयं प्रकृति के अंग थे। बुन्देली के लोककवि ईसुरी की माँग थी, 'यारो इतनो जस कर दीज्यौ, चिता अन्त न दीज्यौ।' भवानी भाई भी इसी परम्परा के थे, वैसे ही प्रकृतिस्थ। फर्क सिर्फ इतना था कि जहाँ ईसुरी अपनी भूमि में चिता के लिए गिड़गिड़ाते दिखते हैं, वहाँ भवानी भाई जैसे यह कहते नजर आते हैं, 'कैसे नहीं देंगे हुजूर, जब मैं यहीं आकर जम जाऊँगा।' जो महत्त्वपूर्ण है वह यह कि दोनों में वह बात प्रेम और जुड़ाव से निकलती है, दोनों आजीवन गाते हुए घूमते रहते हैं, घूमते हुए गाते रहते हैं...अपनी जमीन के गीत, जमीन की भाषा में, जो मिला उसे सुनाते चलते हैं और गाते-गाते सो जाते हैं...ऐसी आसानी से जैसे जंगल में कोई पक्षी चहकता चहकता एकाएक चुप लगा गया...बस।

मुझे तुम
अपनी अनजानी गति दे दो
और दे दो
अपनी अनबोली आवाज

ओ सवेरे की किरनों
कि मैं
सब जंगह
हवा से भी हलका उतरूँ
और जान जायें सब
कि मैं आ गया हूँ
जैसे जान जाते हैं
पंछी और फूल और पवन
तुम्हारा आगमन

भवानी भाई बोलते रहेंगे...अब इस ढंग से, हम बराबर सुनेंगे वह 'अनबोली आवाज।'

भारतीय मनीषा सशरीर : नरेन्द्र शर्मा

दो पीढ़ियों का एक संवाद मेरे घर 22, बैलवेडियर भुलाभाई देसाई मार्ग, बम्बई में प्रस्तावित था। वरिष्ठ पीढ़ी में अज्ञेय और नरेन्द्र जी और दूसरी तरफ मैं और डॉ. चन्द्रकान्त बान्दिवडेकर। नरेन्द्र जी से मैं पहले नहीं मिला था, फिर भी वे बड़े ही सहज ढंग से आने को तैयार हो गये। यह साहित्य से उनके गहरे जुड़ाव का परिचायक था और मुझे सचमुच कौतूहल हुआ कि इन तमाम वर्षों फिल्मों की नकली दिखावी दुनिया से निबाहते हुए नरेन्द्र जी उस जुड़ाव को कैसे बचाये रह सके। वे अपने आप ही पहुँच गये। यह उनका पहला दर्शन था मेरे लिए—विशुद्ध भारतीय लिबास, भारतीयता की गरिमा व्यक्तित्व के पोर पोर से फूटती हुई, जैसे थोड़ा नशे में मस्त आँखें...गोया कि यह व्यक्ति बाहर से कैसे ही रहने को विवश रहे, भीतर-भीतर वह अपनी राह ही चलेगा और उसमें मस्त रहेगा। संवाद शुरू हुआ नरेन्द्र जी तो निर्झर की तरह भल भल बहते चले जायें, अज्ञेय जी अवरुद्ध प्रवाह की तरह। जैसे भवानी भाई स्वयं को बड़बड़िया कहते थे, क्या नरेन्द्र जी को भी बहुत बोलने की लत थी, या कि बहुत दिनों बाद उन्हें ऐसा साहित्यिक माहौल मिला था इसलिए वे कुछ ज्यादा ही बोल रहे थे—मैं सोचने लगा। तभी उन्होंने बम्बई में भी अपने अछूते बने रहने का रहस्य बताया, बोले कि मैंने अपने आपको कभी ज्यादा लगाया नहीं, मतलब बढ़-चढ़कर नहीं आँका तो यह साफ था कि उनका ज्यादा बोलना अहं की वजह से नहीं था हालाँकि जितने विद्वान वे थे उसे देखते हुए अहंभावना स्वाभाविक ही होती। ज्यादा बोलना उनके साफ मन की वजह से था—जो बात उठी वह बिना कहीं अटके झर-झर निसृत होती चली जाती। सिनेमा की दुनिया को आजमाने साहित्यकार कब से आते रहे...प्रेमचन्द से लगाकर ही, लेकिन जिस तरह नरेन्द्र जी इसमें एकलय हो पाये वैसा कोई नहीं। यह ऐसी एकलयता थी जिसमें उखड़े-उखड़े रहना तो था ही नहीं, सिनेमा को साहित्यिकता का स्पर्श देकर उसे अर्थपूर्ण और गरिमायुक्त बनाना था और साथ-साथ अपनी रचना यात्रा अकलुष जारी रखना था। अद्भुत सन्तुलन था वह जो नरेन्द्र जी बनाये रख सके। सिनेमा को एक हेय माध्यम मानने की बजाय आज की दुनिया में उसके सही महत्त्व को मानना और उसके स्तर

को उठाने में सकारात्मक योगदान देना—यह कम साहित्यकार कर पाते हैं। यह वही कर सकता है जो बाहर से भीतर तक कुंठा-विहीन हो।

कुंठा नरेन्द्र जी को छू नहीं गयी थी, यह मैंने साफ-साफ एक और मौके पर देखा। हिन्दी सप्ताह से सम्बन्धित किसी कार्यक्रम में नरेन्द्र जी और मुझे एक साथ बुलाया गया। नरेन्द्र जी अध्यक्ष, मैं मुख्य अतिथि। कार का इन्तजाम भी इस तरह कि पहले वह नरेन्द्र जी को लाये, फिर मुझे ले। एक इसी बात पर कोई बम्बइया भड़क उठता। नरेन्द्र जी आये और शान्त मन में गाड़ी में बैठे मेरी बिल्डिंग के नीचे मेरा इन्तजार करते रहे। मुझे जब यह पता चला तो मैं बेहद लज्जित, पर नरेन्द्र जी इत्मीनान से बोले—भाई, जाना तो इसी तरफ था और उसे देखते हुए यह ठीक था कि उन्हें पहले लिया जाये और तुम्हें बाद में। कार्यक्रम के आयोजकों ने एक और धृष्टता कर रखी थी—पुरस्कार मुझसे दिला रहे थे। नरेन्द्र जी ने इसकी पूर्व सूचना होते हुए भी कार्यक्रम में आना स्वीकार किया और मंच पर 'आत्मन्येव आत्मनः तुष्टः' बैठे हुए थे। मुझे लगा कि वैसे आयोजन से नरेन्द्र जी का तो कुछ नहीं बिगड़ने का, हाँ जिन लोगों को पुरस्कार मिलना था वे इस मनस्वी के आशीर्वाद से वंचित रह जायेंगे इसलिए मैंने अपने भाषण के बाद पुरस्कार नरेन्द्र जी के हाथों दिये जाने की घोषणा कर दी, आयोजकों से बिना पूछे। कारण भी मैंने वहीं बताया। नरेन्द्र जी ने मेरी ओर स्निग्ध भाव से देखा और पुरस्कार बाँटने बेतकल्लुफ आगे आ गये। मन पर कोई विकार न पहले, न अब।...विद्वत्ता और साहित्य को जहाँ हमें ले जाना चाहिए—विनम्रता, सबके लिए स्नेह—नरेन्द्र जी वहाँ थे।

शब्दों में आजीवन डूबने-उतराने के बावजूद (और वहाँ भी एक तरफ साहित्य के शब्द की प्रामाणिक खोज और दूसरी तरफ सिनेमा के गीत के लिए शब्दों का करीब-करीब व्यावसायिक इस्तेमाल) नरेन्द्र जी शब्दों की सीमा जानते थे। शब्द अकसर कितने भ्रामक होते हैं! साहित्यकार जिन शब्दों का प्रयोग सत्य तक पहुँचने के लिए कर रहा है, अकसर वे ही शब्द उसे सत्य तक पहुँचने नहीं देते। इसलिए शब्दों की मायावी चाल को भी पहचानना चाहिए। डॉ. धर्मवीर भारती बम्बई विश्वविद्यालय के लिए 'कनुप्रिया' के कुछ अंशों का पाठ सवक्तव्य कर रहे थे, नरेन्द्र जी अध्यक्ष थे। 'कनुप्रिया' की रसानुभूति कविता पाठ द्वारा कराते हुए भारती जी कह गये कि 'कनुप्रिया' लिखने के समय वे नास्तिक थे। अध्यक्षीय भाषण में नरेन्द्र जी ने इसी बात को पकड़ लिया, बोले—'तुम कहते रहो कि नास्तिक हो, कहने से क्या नास्तिक या आस्तिक हो जाओगे। और वाकई 'कनुप्रिया' में जो रस है, वह आस्था के बिना कैसे आ सकता था।' मैं सोचता रहा कि वाकई जो हम भाषणों, वक्तव्यों आदि में बोलते हैं वह अकसर सत्य नहीं होता, क्योंकि यहाँ हम खींच खींचकर शब्दों को लाते हैं और उन्हें उस अर्थ को वहन करने के लिए जोतते हैं—जो अर्थ हमारे सचेतन द्वारा सोचा गया है, गढ़ा गया है, इसलिए कदाचित सत्य नहीं है। दूसरी

तरफ साहित्य में शब्द बरसात के बादलों की तरह उमड़ते हुए आते हैं और वे रचते हैं अर्थ, साहित्यकार के लिए और उसके पाठक के लिए। इसीलिए साहित्य में सत्य न हो—ऐसा हो ही नहीं सकता। नहीं है तो वह साहित्य ही नहीं है। बोलने में सत्य कभी-कभी आ सकता है। नरेन्द्र जी की खूबी थी कि उनके बोलने में सत्य होता था...क्योंकि साहित्य की तरह बोलना भी भीतर से, उनके पूरे जीव से निकलता था—ऐसी कोई चिन्ता दूर-दूर तक नहीं कि उनके बारे में कोई क्या मन्तव्य बनायेगा, कोई उन्हें आधुनिक समझेगा या पोंगियापंथी, चिन्तक मानेगा या कि अज्ञानी, सफल कि असफल।

नरेन्द्र शर्मा जैसा व्यक्तित्व—जैसे भारतीय मनीषा सशरीर सामने खड़ी हो। विद्वत्ता, साहित्यकार या कवि की विशिष्टता, प्रकाशित पुस्तकें, यश...ये विशेषताएँ भी जहाँ विशेष नहीं रह जातीं, एक अनोखे साधारणपन में विलीन हो जाती हैं। कोई बड़ा आम का पेड़ बड़े-बड़े फलों से लदा हुआ भी जैसे साधारण पेड़ की तरह ही खड़ा हो...सबके बीच, उन्हीं जैसा। नरेन्द्र जी एक नहीं कई मायने में विशिष्ट थे, लेकिन उनके पास बैठे हुए मेरे भीतर वैसी ही तरंगें उठती थीं जैसी बचपन में अपने नाना, मौसा, बब्बा के पास बैठकर उठती थीं। वही भव्य भारतीयता, ऐसी साधारणता कि जिसके आगे कैसी भी विशिष्टता फीकी पड़ जाये!

उमाशंकर जोशी, जैनेन्द्र कुमार, भवानी भाई, नरेन्द्र जी, अज्ञेय! मैं भाग्यवान हूँ कि इन लोगों का सामीप्य और स्नेह मुझे मिला। मेरा दुर्भाग्य कि कुछ ही वर्षों के बीच ऐसा हो गया कि शरीर से कोई नहीं आसपास। यह जानते हुए भी क्यों ऐसा लगता है कि ये लोग बराबर साथ हैं, रहेंगे। यह साहित्य से मुझे दूर नहीं होने देंगे।

वे सिर्फ छिप गये हैं : धर्मवीर भारती

भारती जी...'धर्मयुग' के दफ़्तर में, पान खाते, सिगार के हलके हलके 'पफ' लेते, साहित्यकारों के बारे में एक से एक लतीफे सुनाकर खुद ठहाके लगाते और 'धर्मयुग' के एक-एक पेज को लेकर पूरे चौकस (कहते हैं छपने के पूर्व एक-एक पृष्ठ, लाइन-दर-लाइन वे खुद देखते थे), या बम्बई अस्पताल में इटैंसिव केयर यूनिट में मशीनों से बँधे...चेहरे पर अपार वेदना (जब बोलने लगते थे तो कहते...'थक गया') या 'शाकुन्तल' में अपने घर की स्टडी में एक बड़ी कुर्सी पर बैठे कृशकाय भारती. ..कौन से भारती? इलाहाबाद के दिनों के भारती मैंने देखे नहीं लेकिन 'गुनाहों का देवता' पढ़ने के बाद एक बेहद संवेदनशील—संवेदनशीलता उस हद तक जहाँ वह एक हमेशा रहने वाले दर्द के रूप में आपके साथ रहती है, जब आप हँसते हैं तब भी साथ नहीं छोड़ती, दिखायी दे जाती है—वह तसवीर बनी थी और जब परिचय हुआ, 'धर्मयुग' में मेरी पहली कहानी छपने के बाद, तब से साथ बराबर बना रहा है। उस किस्म का साथ जो अपनी गरमाहट देता रहता है, आप बहुत दूर रहते हों तो भी, बहुत समय तक न मिलें तो भी। परिचय होने के बाद जैसे उनकी जीवन-यात्रा में मैं साथ-साथ था, बराबर और रहस्य की चीज यह कि तसवीर जो मन में अंकित रही वह नहीं जो मैंने देखी, बल्कि वह जो मैंने नहीं देखी थी—'गुनाहों का देवता' वाली तसवीर। असली भारती यही थे जो तब भी रहे जब दिल के ऑपरेशन के बाद एक जर्जर दरख़्त की तरह अपनी स्टडी में बैठते थे और जब उन्हें बहुत जल्दी 'पलपीटेशन' होने लगा था...किसी भी भावाकुल स्थिति में गुजरने से—चाहे वह किसी से मिलना हो या किसी रचना के मार्मिक प्रसंग से गुजरना। भावुकता न कहकर भावाकुलता कहें इसे...जो साहित्य में जबरदस्त 'इटैंसिटी' के रूप में उतरती थी। जहाँ यह 'इटैंसिटी' अपने प्राकृतिक रूप में रही वहाँ 'गुनाहों का देवता' उपन्यास आया और जहाँ यह ऊँचाई की ओर लपकी वहाँ 'अन्धा युग' आया; जहाँ और सघन हुई वहाँ 'कनुप्रिया' आयी और जहाँ प्रतिक्रियास्वरूप स्वयं को छोड़ने चली वहाँ 'सूरज का सातवाँ घोड़ा' आया।

भारती जी अपने असली भाव को ढाँपने की बहुत कोशिश करते थे लेकिन वह ऊपर आ ही जाता था। एक बार बम्बई विश्वविद्यालय में 'कनुप्रिया' के अंशों का

पाठ था, नरेन्द्र शर्मा जी अध्यक्ष थे...भारती जी कह गये कि वे नास्तिक हैं, नरेन्द्र जी ने उन्हें पकड़ लिया, 'कहते रहिए आप कुछ भी, आपके कहने से क्या होता है...और वाकई आस्था के बिना 'कनुप्रिया' जैसी रचना कैसे लिखी जा सकती है? इसी तरह कहते रहे हों वे कुछ, बचते रहते हों अपनी भावुकता से...असल में वे यही थे, यही थी उनकी मूल शक्ति...जो उनके व्यवहार में भी उतरकर आती थी। बना रखा हो उन्होंने खुद को आधुनिक, थोड़ा-बहुत 'स्नॉब'...भीतर वे ऐसे व्यक्ति थे जिनकी चालन-शक्ति थी प्रेम...प्रेम जो बेवजह किसी के लिए भी उमड़ पड़ता था, जो आदमी में, उस पर पड़े तमाम कुप्रभावों के बावजूद, एक निष्कलुषता बनाये रखता है। जिस लम्बे समय तक वे 'धर्मयुग' जैसी व्यापक प्रभाव वाली पत्रिका के सम्पादक रहे, उसमें उनके सैकड़ों विरोधी बनना स्वाभाविक था...लेकिन ये लोग भी स्वीकार करेंगे वह निष्कलुषता जो 'धर्मयुग' से रिटायर होने के बाद उनमें ऊपर आती चली गयी। व्यास सम्मान के भाषण में जिस तरह उन्होंने स्वीकार किया कि वे निराला, पन्त के पैरों की धूल बराबर भी नहीं हैं...पूरे भाषण में ही यह निष्कलुषता खुलकर आयी है। मुझे लगता है कि एक व्यक्ति के साथ हम न्याय तभी कर सकते हैं जब हम उसके मूल स्वभाव को देखें, उन दोषों की तरफ नहीं जो अकसर एक नौकरी उस पर चिपका ही देती है।

स्वयं भारती जी अपने असली व्यक्तित्व को छिपाते-दबाते रहे—कस्बाई संवेदनशीलता का व्यक्ति आ बसा महानगर मुम्बई में, साहित्य सृजन की तबीयत वाला आ गया पत्रकारिता में (बांग्लादेश के जन्म के जोखिम भरे समय में उन्होंने जो बांग्लादेश की यात्रा की, जो संस्मरण लिखे वे बतौर पत्रकार), एक भावुक व्यक्ति आधुनिकता की चपेट में, जो हरेक से जुड़ने का मन रखता हो, वह सम्पादक जो अपने काम के कारण दूरी बनाये रखने को अभिशप्त हो...ऐसे विरोधाभासों के बीच जीने वाले व्यक्ति की साहित्यिक ऊर्जा अगर अपने चरम को छूने के पहले सूख गयी हो तो आश्चर्य नहीं होता...जो स्पृहणीय है वह यह कि भारती ने हर विधा में एक उल्लेखनीय कृति दी और पत्रकारिता में भी उन्होंने एक पत्रिका को संस्कारवान बनाकर, उसकी लोकप्रिय सामग्री के सहारे साहित्य को घर-घर पहुँचाया। हम जब कभी उनसे झुँझलाते कि आप 'धर्मयुग' के ये पृष्ठ क्यों फिल्म, नारी जगत आदि में बरबाद करते हैं तो वे कहते, इसी सामग्री के रास्ते गम्भीर साहित्य साधारण घरों में पहुँचता है। आज जब वैसी किसी पत्रिका का अभाव है तो हमें भारती जी की वह बात याद आती है। इस काम में वे इतना लगे कि अपनी साहित्य सर्जना भी भूल गये...हम कृतहन होंगे। अगर उनका यह योगदान और किस कीमत पर...यह याद न करें।

बम्बइया चकाचौंध, एक बड़ी पत्रिका के सम्पादक का ग्लैमर...इनके बीच रहने के बावजूद साहित्य को वरीयता क्रम में हमेशा ही सबसे ऊपर रखा उन्होंने। हमेशा

अपने वरिष्ठ लेखकों का सम्मान, चाहे उनसे उनका जितना व्यक्तिगत विरोध हो। उन्हे पता भर चल जाये कि अज्ञेय जी बान्दिवडेकर जी के यहाँ बैठे हैं, दौड़कर पहुँचते थे। इसी तरह सभी कर्मों के ऊपर साहित्य को रखकर देखना था। बेशक साहित्य सर्जना के क्षेत्र में उनकी अपनी पसन्द थी...यह उनके साथ बराबर रहा। इसी से 'धर्मयुग' छोड़ने के कई सालों बाद, अन्त तक उनसे वह स्नेह बराबर बहकर मुझ तक आता रहा जो एक पूर्ववर्ती साहित्यकार से उसके अनुज तक पहुँचता है। मुश्किल से पन्द्रह दिनों पहले बम्बई में जब मैं उनसे मिला था तो बोले—'भोपाल से मैं सिर्फ गुजरा हूँ, कभी वहाँ रहा नहीं...हालाँकि वहाँ की तारीफ इतनी सुनी है, अब तुम वहाँ पहुँच गये हो तो आऊँगा, तुम्हारे यहाँ ही कुछ दिन रुकूँगा...पहले की तरह प्रसन्नचित्त, हल्के-फुलके थे। मेरा घर और मैं उनकी प्रतीक्षा ही करता रह गया।

जैनेन्द्र जी के जाने के समय और अब भी वही—जाने क्यों मुझे विश्वास नहीं हो पाता कि साहित्यकार—अगर सच में वह साहित्यकार है तो—दिवंगत होते हैं। वे सिर्फ छिप जाते हैं। अपनी पुस्तकों में, अपने बाद के साहित्यकारों में वे बराबर बैठे रहते हैं। भारती जी मेरे साथ निरन्तर रहेंगे।

फ़िराक़...अपनी लकीर पर होने का साहस

फ़िराक़ साहब का ख़याल आते ही तनी स्प्रिंग की तरह ऊपर नीचे खिंचा हुआ चेहरा सामने आ जाता है...माथे पर लकीरें ही लकीरें, भीतर धुआँ और ऊपर-नीचे होते हुए चेहरे की बराबरी पर और भी फटती जाती आँखें...भूखी आँखें। अपनी बातचीत में, पर मुशायरे में खासतौर से लफ्जों या जुमलों पर एक तरह से टँग-सा जाना फ़िराक़ साहब की खास अदा थी। 'रात' बोलें तो वहाँ रात अपने पूरे माहौल में आकर बिछ जाती थी...लेकिन इसे अदा ही कहना गलत होगा। इसका तआल्लुक उनके भयंकर व्यक्तिवादी होने से था कि। 'कितनी बार सोचा किया हूँ फिराक, इस जिन्दगी से मौत आ जाये तो अच्छा है...' जैसी मामूली बात पर भी वे तबज्जो तलब करते थे और उसे यों पढ़ते थे, जैसे कोई बड़ी भारी चीज कह डाली हो। अपने व्यक्तित्व के वजन का जबर्दस्त एहसास और उसकी लकीर पर ही आजीवन चले जाने का साहस...फ़िराक़ के होने का रहस्य बुनियादी तौर पर इतना ही था।

इलाहाबाद में उन दिनों एक फ़िराक़ ही नहीं, कई ऐसे व्यक्ति थे, जो अपने आप में संस्थाएँ थे...सन् पचपन के आसपास जब मैं बी.ए. के लिए प्रयाग विश्वविद्यालय पहुँचा था, तब भी फिराक जैसे इन सबसे अलग। हर लड़के के मुँह पर उनकी पंक्तियाँ...होस्टल में तो यह एक तरह का फ़ैशन था कि फ़िराक़ का कुछ न कुछ आपको याद हो।

फ़िराक़ से अकेले में मिलना खतरनाक था। इसलिए मैं एकाध को साथ लेकर ही उनके यहाँ पहुँचता था। बैंक रोड यूनिवर्सिटी के बंगलों में से एक, जो उन्होंने रिटायर होने के बाद भी नहीं छोड़ा, लॉन पर उन्होंने एक कच्ची परछतिया निकाल रखी थी–कच्चा गोल-गोल चबूतरा, ऊपर सिलौओं की बड़ी छतरी-सी। बरसात में पानी इधर-उधर टप-टप चूता। बीच में एक गोल मेज पर शराब, गिलास और पानी। सिगरेटें फूँकते हुए वे भूखे शेर की तरह उस छोटी-सी जगह में आर-पार टहलते रहते। मुझे फ़िराक़ की कविता से ज्यादा उनकी बातचीत प्रभावित करती थी। बातचीत में फ़िराक़ एकदम बेलगाम थे "वो जिसके साथ एक मेहरी भी नहीं रह सकती थी, उसके साथ रख दिया अपने फिराक गोरखपुरी को...भाई, वह लड़का अपना माशूक था और वह पड़ गया एक लड़की के चक्कर में।" मैने कहा,"देखो

भाई, दो घोड़ों पर न चढ़ो, कहीं ऐसा न हो कि तुम उधर से भी जाओ और मेरी तरफ से भी...मेरे लिए देहरी पर बैठे इस कुत्ते और प्रोफेसर...में कोई फर्क नहीं है...” पर इस सबके बीच जीवन, दर्शन, समाज, साहित्य की गहरी-गहरी बातें भी होती थीं।

फिराक को उनकी तमाम बुरी आदतों के बावजूद, जो लम्बा जीवन मिला, तो उसके पीछे उनकी भयंकर जीवन-शक्ति थी, जो बीमारी के दिनों में भी उनके चेहरे पर आग-सा जलती रहती थी। यह जीवन-शक्ति उनके अहं से जुड़कर और भी ताकतवर हो जाती थी। गाँधीज़ी ने उन्हें 'स्पॉइल्ड जीनियस' कहा तो भी लड़कों से यौन सम्बन्धों को लेकर उन्हें कभी मलाल नहीं हुआ। दरअसल उन्होंने इसे या अपनी किसी दूसरी चीज को कभी गलत नहीं समझा। उर्दू शायरी का माहौल उनके इस अहं को माफिक आया (अगर वे गद्यकार होते तो शायद अपने को कठघरे में खड़ा करना सीख पाते)। जिन कुछ दुराग्रहों के वे शिकार थे, उनमें से एक हिन्दी का विरोध भी था, जिसका कोई सिर-पैर नहीं था। दरअसल उर्दू की इशक, माशूक और शराब के दायरों में बँधी शायरी को जो उन्होंने थोड़ा-बहुत आधुनिकता के करीब खींचा—खासतौर से अपने नये बिम्बों और प्रयोगात्मक कहने के ढंगों के रास्ते—वह उनके अंग्रेजी और हिन्दी साहित्य के सम्पर्क के कारण ही हुआ। अन्तिम दिनों में उनकी शिकायत आधुनिक साहित्य में गहराई की कमी को लेकर थी...और कम-से-कम हिन्दी में तो जरूर ही संवेदना के पैनेपन के अभाव में उथला, सूखा-सूखा-सा साहित्य काफी मात्रा में रचा जाने लगा है।' फ़िराक़ की कविता और जीवन दोनों ही यह सवाल उठाते हैं—वह फक्कड़पन, जो फिराक का हमेशा रहा और वह ईमानदारी भी, जो बेईमानी, चालाकी और दुर्भावनाओं में भी फिराक ने बरती...वह कहाँ है अब...?

आखिर श्री नरेश मेहता से तात्पर्य?

अनेकानेक पुरस्कारों/सम्मानों से अलंकृत-विभूषित हिन्दी के वरिष्ठ कवि, सौन्दर्यबोधी कवि, छायावादी संवेदना के अन्तिम प्रतिनिधि, बहुमुखी प्रतिभा के धनी साहित्यकार, वैष्णवी सम्प्रदाय के आधुनिक गायक...

या "फाल्गुनी चैत्रहवा, आरण्यकता, ग्रामीण हवाओं का पुंज, विन्ध्या का कांतारीपन, प्रातःकाल का भव्य मौन, संन्यासी-मन की नितान्तता, सागर जो कि बुद्ध है, जो कि कृष्ण है...या कुछ नहीं केवल 'काव्य एकान्त'।

आखिर नरेश मेहता से क्या तात्पर्य है।

नरेश जी से पहली गहरी मुलाकात वत्सलनिधि के वृन्दावन वाले लेखक शिविर में हुई थी...स्वामी अखंडानन्द जी के आश्रम में सात दिन हम साथ रहे थे। तब वात्स्यायन जी भी थे...और मैंने देखा था कैसे नरेश जी—इतने बड़े साहित्यकार साधारण से साधारण, यहाँ तक कि मूर्ख से भी रस लेकर बतिया लेते हैं। वात्स्यायन जी से एकदम फर्क तसवीर। धीरे-धीरे रहस्य खुला कि यह तो व्यक्ति नहीं हवा है...चैत्रहवा जो सबको छूती बहती है। नरेश जी का जो पढ़ा था उससे मिलाकर देखा तो लगा कि वे चैत्रहवा है—जो वेद-पुराण-उपनिषदों से छनकर बहती हैं, भारतीय अस्मिता के सत्व को लिए और भी भारहीना हो जाती है। 'चैत्रहवा' का प्रयोग नरेश जी की कविताओं में बार-बार मिलता है। श्री नरेश जी को वैष्णवी परम्परा में सीमित कर देना तंगदिली और तंगदिमागी दिखाना है। वैसे देखा जाये तो हर वस्तु, स्थल, क्रिया और क्षण में प्रभु की प्रतीति का वैष्णवी संस्कार साहित्यकार को कितनी आसानी से स्व से पर, भीतर से बाहर...संसार की किसी भी चीज में डूब जाना सिखा देता है। व्यक्तित्व पानी की तरह...किसी भी चीज में घुलमिल जाये। कह सकते हैं कि यह अभ्यास अगर वैष्णवी है तो हर साहित्यकार वैष्णवी होता होगा क्योंकि सृजन की प्रक्रिया में यह विलीन होने का अभ्यास अनिवार्यतः निहित है।

मुझे श्री नरेश जी वैष्णवी से अधिक वैदिक परम्परा के करीब लगते हैं। इसलिए नहीं कि उनकी कविताएँ ऋचाएँ जैसी हैं, बल्कि इसलिए कि जैसे ऋचाओं को बिना धार्मिक हुए पढ़ा जा सकता है...अन्ततः प्राकृतिक शक्तियों का उद्‌बोधन है वहाँ ...वैसे ही श्री नरेश जी जैसे हर रचना में अपनी सर्जनात्मक उँगलियाँ प्रकृति को

छू लेने के लिए बढ़ाते होते हैं। बेशक धर्म भी श्री नरेश जी के सोच में धर्म जितना ही उच्च और पवित्र है :

"धर्म बनकर ही काल और इतिहास का संक्रमण किया जा सकता है। संक्रमण करते ही हम प्रभु को उपस्थित पा सकते हैं। उदारता की यह कैसी रासोत्सवी प्रक्रिया है कि मनुष्य भाषा बन रहा है, भाषा काव्य बन रही है, काव्य धर्म बन रहा है और धर्म राम और कृष्ण बन रहा है।"

इस रासोत्सवी प्रक्रिया को रेखांकित करना, उस पर बच्चों की तरह आश्चर्यान्वित (जो स्वर भी नरेश जी में बार-बार मिलता है)...यहीं वह बिन्दु है जहाँ साफ दिखता है कि धर्म के महत्त्व को स्वीकार करते हुए भी उसे सर्जक की दृष्टि से देखा जा रहा है।

प्रकृति के कवि तो कई मिल जायेंगे, लेकिन कम ऐसे मिलेंगे जो प्रकृति की पूर्णता के प्रति अपनी छोटी-से-छोटी सर्जनात्मक चेष्टा में सजग रहते हों। मुझे लगता है दृष्टि की यह विराटता ही एक कवि को बड़ा बनाती है। जो सृजन प्रकृति संसार में हर क्षण चल रहा है...अपनी सृजनात्मकता को उसका ही एक हिस्सा समझ कर देखाना :

"तुम्हें भ्रम हैं, कि
ये कविताएँ मेरी हैं...'
नहीं, ऐसा नहीं है।
शायद यही हुआ होगा कि
मैंने तुम्हें अपनी भाषा में रखकर देखा होगा
और मुझमें ये कविताएँ
वैसी ही फूट उठी होंगी
जैसे फूल वृक्ष में प्रस्फुटित हो उठता है।
वस्तुतः, तुम्हारी ही नहीं
वरन मनुष्य प्रकृति, जीवन
जीवन ही क्या
समस्त सृष्टि की ये छन्द हैं।"

'फाल्गुनी' कविता में 'आरण्यकता' है जो वन में रहती है जब कवि कविता नहीं लिखता होता और जब वह कविता लिखता है तो "वह अपने पर से वन उतार शब्द पहनने लगती है।"

एक तरफ यह विराटता और दूसरी तरफ विशुद्ध मानुषी। (यह भी नरेश जी का प्रिय शब्द है पर जिसका प्रयोग वे अधिकतर उदात्तता के सन्दर्भ में करते हैं) भय! वत्सलनिधि के वृन्दावन वाले शिविर में ही एक गोष्ठी की अध्यक्षता करते हुए नरेश जी करीब-करीब भाग खड़े हुए थे। 'दारूलशफा' के लेखक (वे भी मिश्र थे,

लेकिन उन्हें सब दारूलशफा कहने लगे थे) जितना बोलना चाहते थे उतना बोलने को नहीं मिला था, गोविन्द मिश्र के विरुद्ध बोलने के लिए उनके मन में जाने कितना उबल रहा था और गोष्ठियाँ थीं कि अपने विषय से हठ कर उन्हें यह मौका नहीं दे रही थीं। तो वे घायल लेकिन आक्रामक अन्दाज में हर बार बीच गोष्ठी में दरवाजे पर प्रकट होते और वहीं खड़े रहते। जिस गोष्ठी की अध्यक्षता नरेश जी कर रहे थे उसमें भी वे उसी मुद्रा में एकाएक प्रकट होकर दरवाजे पर खड़े हो गये। नरेश जी हट हट...के अन्दाज में उन्हें हाथ से भी बरजते, उन्हें बैठने को नहीं, जाने के लिए कहते...तो 'दारूलशफा' के चेहरे की घायलता और बढ़ जाती। नरेश जी के चेहरे पर भय उतर आया था और वे करीब-करीब भाग जाने के लिए उठ खड़े हुए थे।...

दारूलशफा यानी कि तन्त्र...या कि किसी किस्म का घेरा, वाद, आन्दोलन—नरेश जी भाग खड़े होते हैं। पास जाते हैं पर पकड़ गाढ़ी हो कि वे भाग खड़े हुए। घेरों की पकड़ से वे फिसल जाते हैं, तेल-लगे पहलवान की तरह। सीधे खुलकर लड़ने या कुछ कहने के लिए तो खैर वे जरूरत से ज्यादा मृदुल हैं कि साहित्य में भी वैसी अभिधा उन्हें सहन नहीं होती। जो आलोचक इसे तन्त्र की छाया में रहना कहते हैं तो उनकी बात से भी इत्तफाक नहीं किया जा सकता क्योंकि यह साहित्यकार का 'ये तो मेरा साहबे कमाल था कि दर्म्यां से निकल गया' वाला अन्दाज भी तो हो सकता है। नरेश जी के सन्दर्भ में इसको उनकी विराट प्रकृति-दृष्टि का एक अंग ही कहना होगा जो विरोध के लायक कोई चीज ही नहीं देखता। विशुद्ध तात्कालिक इसीलिए नरेश जी के यहाँ साहित्य का विषय नहीं बन सकता।

मुझे नरेश जी की यह चीज सबसे अच्छी लगती है कि वे जहाँ हैं एकरस हैं, पूरी सर्जनात्मक तन्मयता से हैं। कोई ऊहापोह नहीं, कोई द्वन्द्व नहीं। ऐसी ही तन्मयता में यह सम्भव है कि कविता गद्य में भी यों उतरती चली आये : "रह रहकर अकेली टिटहरी अवश्य अपनी पुकार की रेखा खींचती दूर तक सुनायी पड़ जाती थी जैसे आकाश के काँच पर हीरे की कलम से रेखा खींची जा रही हो। इतने प्रशस्त अँधेरे में प्रकाश का ऐसा अकेलापन दूरी और अँधेरे को और भी बढ़ा रहा था। सुन्ता पड़ा इतने सन्नाटा था जिसमें गंगा के जल से आती थोड़ी तेज हवा में राजभवन के आम और अशोक टहनियों के अपने हरे पत्तों के साथ सशब्द हो रहे थे तो धरती पर गिरे सूखे पत्तों में भी हवा के कारण टूटी-फूटी भाषा लुढ़की पड़ रही थी।"

आज के वक्त जब साहित्य मात्र जुमलों—अर्थहीन, अपठनीय जुमलों—के बियावान में खोता चला जा रहा हो, नरेश मेहता से तात्पर्य टिटहरी की यह पुकार है। अगर टिटहरी पानी के आसपास रहती है तो नरेश जी भी भोपाल की बड़ी झील के पास हैं, टिटहरी लम्बी लाल चोंच वाली खूबसूरत चिड़िया, तो अपने नरेश जी भी खूबसूरत नाक वाले, दर्शनीय।

शैलेश मटियानी : एक अनुकरणीय साहित्यकार

हमारे समय की यह विडम्बना ही कही जाएगी कि सामाजिक परिवेश और व्यवस्था में जैसे-जैसे साहित्य हाशिये पर खिसकाया जाता रहा त्यों-त्यों हम आलोचक और साहित्यकार उन साहित्यकारों की उपेक्षा करते गये जो जमीन से जुड़े हुए हैं, जिनके पात्र समाज के साधारण वर्गों से आते हैं, जिनकी भाषा में बोलचाल की भाषा की खनक और एक खास परिवेश की कथा महकती है और जो जीवन में लिखने, सिर्फ लिखने, और-और अच्छा लिखने के अलावा किसी और चीज को तरजीह नहीं देते। ऐसे साहित्यकारों की उपेक्षा करते हुए हम उन लेखकों और कवियों को ज्यादा महत्त्व दे रहे हैं जो साहित्य को विशिष्टता के नाम से हाँकते हैं। इन लेखकों के यहाँ सीमित अनुभवों का संसार है, पाश्चात्य लेखन से प्रभावित उनकी मनीषा है और जो ज्यादा लिखने को हिकारत की नजर से देखते हैं क्योंकि उनमें खुद ज्यादा, आजीवन लिखने का बूता नहीं होता। ये साहित्यकार कुछ पत्रिकाओं और संस्थाओं के माध्यम से मठाधीशी-सी करते हैं, अपने को निरन्तर श्रेष्ठ साहित्यकार घोषित करवाते रहते हैं और करीब-करीब एक साजिश के तहत पहली श्रेणी के साहित्यकारों की उपेक्षा रचते रहते हैं।

उदाहरण अगर आज के लेखन से उठाना हो तो शैलेश मटियानी से बेहतर उदाहरण और कोई नहीं होगा। आजीवन लिखना और लिखने की गरिमा महसूस करते हुए समाज में एक साहित्यकार की तरह व्यवहार शैलेश मटियानी में जैसा देखने को मिलता है आज के समझौतापरस्त वातावरण में अन्यत्र शायद ही कहीं देखने को मिले। अन्याय के विरुद्ध आवाज उठाना, परिस्थितियाँ विपरीत हैं फिर भी संघर्ष करते हुए कोर्ट-कचहरी मचा देना और कभी किसी पुरस्कार या प्रकाशक के पीछे खीसें निपोरते हुए नहीं घूमना—यह शैलेश मटियानी का व्यक्तित्व रहा है। भले ही वह शख्स भीतर से इतना टूटा हुआ हो कि जिसकी अन्तिम परिणति विक्षिप्ति की बीमारी होना करीब-करीब लाजमी हो जाये, वह बाहर से बड़े कद्दावर साहित्यकार का उदाहरण अपने अनुवर्ती साहित्यकारों के सामने प्रस्तुत करता है। रुपये-पैसों की जितनी जरूरत शैलेश मटियानी को रही क्या किसी क्या और को होगी क्योंकि उनकी जीविका ही लेखन थी। फिर भी उन्होंने पुरस्कारों के पीछे भागते

रहने की प्रवृत्ति कभी नहीं अपनायी। यहाँ तक कि अच्छे प्रकाशकों को भी नहीं पकड़ा होगा, जब जो प्रेम से छापता चला। सारे जीवन व्यवधानों से लड़ते झगड़ते भी कितना लिखा 12-13 उपन्यास, डेढ़-दो सौ कहानियाँ और असंख्य लेख अपने समकालीन समय, समाज पर जिम्मेदार साहित्यकार वाली टिप्पणी करते हुए। साहित्य करीब-करीब एक अशिक्षित लड़के को संस्कार देता हुआ उसे किस ऊँचाई और गहराई पर ले आता है यह देखना हो तो शैलेश मटियानी के लेखन विशेषकर उनके लेखों को देखना चाहिए। पहाड़ में जन्मे लेखकों के अनुभव भी अकसर पहाड़ तक ही सीमित रहते हैं लेकिन शैलेश मटियानी इन अनुभवों का विस्तार करते हैं। बोरीवली से बोरी बन्दर तक, हौलदार, रामकली, गोपली गफूरन इस बात के उदाहरण हैं। कहानियों से गुजरते हुए वही बात कौंधती है जो प्रेमचन्द के बारे में कही जाती है—कितनी तरह के पात्र, सब जमीन से उठाये हुए अपनी जमीनी सोच और भाषा को लिए हुए चले आते हैं। शैलेश मटियानी की कहानियों को पढ़ना इन सैकड़ों पात्रों की जिन्दगियों से गुजरना है। उनकी कहानियों में गहराई है और कुछ चुनिंवदा रचनाओं में वे उस तत्त्व को छू लेते हैं जहाँ तक एक साधारण रचना बड़ी और कालजयी बन जाती है। मेरा आशय आत्मिक तत्त्व से है जो कहानियों में उतरकर पाठकों को उनके अपने जीवन में सम्बल प्रदान करने का काम करता है। 'अर्धांगिनी' की साधारण पत्नी सूबेदारनी अपने पति भर के लिए नहीं, उस कहानी के हर पाठक के लिए कितनी बड़ी शक्ति बन जाती है। इस पात्र के पार उसका परिवेश है, उस परिवेश के भी पार ब्रह्मांड... इससे कहानी को जोड़ देना उसके फलक को कितना बड़ा बनाता है। 'अर्धांगिनी' कहानी का एक वाक्य उद्धृत करने का मन करता है—"दूर खड़ा भराड़ी का जंगल 'याद रखना, भूलना मत' पुकारता-सा आगे को आ रहा है और प्रकृति सूबेदारनी की ही भाँति घाघरा फैलाए बैठी मालूम पड़ती है।"

विशिष्ट साहित्यकार, शैलेश मटियानी को लोकप्रिय और लिख्खाड़ साहित्यकारों की श्रेणी में डाल गद्गद हो लेंकिन जिन ऊँचाइयों/कहानियों को शैलेषा मटियानी का लेखन छूता है उसके लिए 'अर्धांगिनी' जैसी दसेक कहानियाँ तो कम-से-कम प्रस्तुत की जा सकती हैं और 'गोपुली गफूरन' जैसे एक-दो उपन्यास भी। यह किसी के साथ भी मुमकिन नहीं होता कि उसका हर कुछ लिखा एकदम उच्च कोटि का हो। इन 8-10 कहानियों और 1-2 उपन्यासों को पाने के लिए किसी लेखक को ढेर सामान्य और थोड़ा कूड़ा भी लिखना पड़ता है। ढेर लेखन को किसी लेखक की अयोग्यता मानकर यह देखना चाहिए कि वह जीवन के कितने-कितने खण्डों, उनकी विविधताओं में कितना गहरे उतरा है। शैलेश मटियानी का जीवन और लेखन दोनों ही विविधताओं से भरा है जो किसी भी साहित्यकार के लिए रश्क की बात हो सकती है।

मगर मुझे अफसोस है कि मैं उस दौर में हुआ जब साहित्य को कुछ

'इंटेलेक्चुअल' से दिखने वाले लेखक 'हाईजैक' करके लिए जा रहे हों और शैलेश मटियानी जैसा लेखक सही मूल्यांकन का मोहताज बना रहे तो साथ ही खुशी इस बात की है कि मैंने इस लेखक को करीब से जाना, उसका स्नेह पाया और निरन्तर लिखने, सिर्फ लिखने पर ही अपनी नजर गड़ाए रखने के लिए प्रेरणा भी पाता हूँ। शैलेश भाई से बहसों के दौरान मैंने यह भी कितनी बार कहा कि वे दार्शनिक होने से बचें। जब उनके पास अनुभव/अनुभूतियों की इतनी विशाल सम्पदा है तो उसे साहित्य में उतारते चले जाने की बजाय सोच, विचार, दर्शन, दार्शनिक गुत्थियों में उलझ जाना क्यों-कर हो। शैलेश मटियानी के बाद के लेखन में दुर्भाग्यवश ये चीजें हावी होती चली गयीं। हो सकता है कि थोड़ी शिक्षा होने की ग्रन्थि थी जो उन्हें गहरे सोचने वाले के रूप में स्वयं को प्रस्तुत कर देने को आतुर करती, लेकिन मटियानी का श्रेष्ठ लेखन वह नहीं है जहाँ वे इन दार्शनिक ग्रन्थियों पर लौट-लौट कर आते हैं बल्कि वह जहाँ जीवन का अनुभव सीधे और सरल रूप में ऐसे प्रस्तुत कर दिया गया है जैसे किसी ने जीवन से एक टुकड़ा उखाड़ जस का तस रख दिया। साहित्य में जीवन का जस का तस दिखना आसान बात नहीं है। जीवन साहित्य में आते ही रूपान्तरित हो जाता है....फिर भी अगर कोई रचना यह अहसास दे कि यह साहित्य नहीं यह तो हू-ब-हू जीवन है तो यह बड़ी बात होगी। सन्तोष की बात यह है कि आनुपातिक रूप से देखें तो शैलेश मटियानी का अधिकांश लेखन जीवन खण्डों की प्रस्तुति रहा है। हम में से अधिकांश लेखक अपने अनुभव जगत को विस्तार देने की बजाय उसे संकुचित करते चले जाते हैं। आने वाले लेखकों के लिए शैलेश मटियानी को पढ़ना और उनके विशाल अनुभव संसार को देखना अपने आप में विस्मयकारी अनुभव हुआ करेगा। अपने से बाद की पीढ़ी के लिए शैलेश मटियानी इस बात के भी उदाहरण रहेंगे कि अगर कोई लेखक लगातार, जीवन भर लिखता रहे, अपने लेखन में जमीन की गन्ध लिए रहे और कलात्मक दृष्टि से भी ऊपर उठने के लिए सजग हो तो चाहे उसकी जितनी उपेक्षा की जाये उसका लेखन स्वतः उठकर ऊपर जाएगा। आने वाले वर्षों में शैलेश मटियानी के साथ यही होगा। उनकी प्रतिभा की पहचान अभी सिर्फ शुरू ही हुई है।

प्रेमचन्द की ज़मीन पर...प्रेमचन्द से आगे

(शैलेश मटियानी की कहानियाँ)

उपयुक्त ही था कि परिचय पहले मटियानी जी की कहानी से हुआ। उन दिनों धर्मयुग नये कहानीकारों की शृंखला निकाल रहा था—लेखक के विस्तृत आत्मकथ्य के साथ उसकी ताजा कहानी। शैलेश मटियानी के आत्मकथ्य की तो नहीं पर एक बार पढ़ी 'प्रेतमुक्ति' की याद अभी तक बनी रही, जबकि मेरी याददाश्त कतई अच्छी नहीं है। कहानी का कथ्य धुँधला याद रहा, लेकिन जिस वातावरण की सृष्टि कहानी करती थी वह मुझे इन तमाम वर्षों लपेटे रहा। तब लगा था और आज भी हैरत में हूँ कि शब्दों में इतनी ताकत होती है कि किसी जीवनखण्ड को उठाकर वे, यों कागज पर रख दें, उसके पूरे एरोमा के साथ, मय उन अन्तर्ध्वनियों के जो जीवन में साक्षात् नहीं दिखतीं। तब यह भी लगा कि काश कभी मेरे लेखन में भी यह बात आ सके ...और अभी कुछ समय पहले जब अपनी अगली पीढ़ी की चर्चित कथाकार मधु कांकरिया ने मेरे लेखन के बारे में कुछ-कुछ वैसी ही भावनाएँ व्यक्त कीं—लिखा कि पढ़ते हुए उन्हें बार-बार ऐसा लगता था कि 'लेखन हो तो ऐसा हो'—तो मुझे विश्वास नहीं हुआ, 'प्रेतमुक्ति' को लेकर मटियानी जी के लिए अपनी उस समय की भावनाएँ लौट-लौट कर मुझ तक आती रहीं। यह होता है लेखकों का अपनी पिछली और अगली पीढ़ी से सम्बन्ध जिसको लेकर शैलेश मटियानी बहुत सचेत थे :

"मैं साहित्यकार का दायित्व अपने और अपने कृतित्व के लिए यशार्जन तक ही सीमित नहीं मानता, प्रत्युत यह भी साहित्यकार का कर्त्तव्य होता है कि वह अपने कृतित्व और व्यक्तित्व के माध्यम से अपने समसामयिक और आगत पीढ़ियों के रचनाकारों को ऐसी प्रेरणा दें कि वे कटुतर-संघर्ष के क्षणों में भी अपने स्वधर्म की सुरक्षा के लिए आस्था जुटा सकें..."

(शैलेश मटियानी : भूमिका : मेरी तीस कहानियाँ)

दोबारा जब अब 'प्रेतमुक्ति' पढ़ी तो कहानी की वे पर्तें खुलीं जो तब नहीं खुली थीं। क्लासकीय परम्परा का लेखन यह होता है—बार-बार पढ़ा जा सके और हर पाठ में उसके कुछ नये अर्थ उद्घाटित हों। शैलेश मटियानी की एक यह खासियत भी अब दिखायी दी कि वे ऐसी क्लासकीय कहानियाँ कितने सहज ढंग से लिख जाते

हैं, पूरी कहानी वैसे ही सहज बहती चलती है जैसे कहानी में सुयाल नदी। बाहर से केवल पाण्डे और किसनराम की आत्मीयता की कहानी लेकिन भीतर कितने आयाम खुलते चले जाते हैं कि आखिर इसे किसकी कहानी कहा जाये—किसनराम और भवानी की प्रेमकहानी, उसका दुःख, केवल पाण्डे के अन्तर्द्वन्द्व की कहानी, एक पहाड़ी गाँव में साथ-साथ बड़े हुए केवल पाण्डे और किसनराम के जीवन जातिगत सीमाओं के कारण कैसे अलग-अलग दिशाओं में चले जाते हैं, आत्मीयता बनी हुई है पर जाति की रूढ़ियों ने कैसी दूरियाँ बिठा रखी हैं...जिसकी पीड़ा दोनों ही महसूस करते हैं, पहाड़ी-परिवेश की संस्कृति की छाया में ब्राह्मण और शूद्र का आचरण और सोच, ब्रह्माण्ड और पृथ्वी में उतरती योनियाँ, प्रेत योनि का रहस्य...किसनराम की अपनी कहानी, उसके परिवार की कहानी, निस्सन्तान किसनराम की मरणोपरान्त अपनी मुक्ति की चिन्ता की कहानी और भी कई कहानियों की तरह पढ़ा जा सकता है 'प्रेतमुक्ति' को...पर अलग-अलग वह ऐसी कोई कहानी नहीं है, वे सारी कहानियाँ हैं उसमें...जटिलता जीवन की।

उन दिनों दलित कहानी लिखने की आज जैसी कशमकश नहीं थी कि प्रतिष्ठित लेखक जानबूझकर दलित-केन्द्रित कहानी लिखें, नये लेखक जमने के लिए बार-बार वह विषय उठायें। शैलेश मटियानी को दूर-दूर तक यह अहसास नहीं रहा होगा कि वे दलित-केन्द्रित कहानी लिख रहे हैं...अनायास ही दलित और सवर्ण इस कहानी में आमने-सामने बैठ गये—किसनराम : केवल पाण्डे—जो आज के दलित-विमर्श का केन्द्रीय द्वन्द्व है। शैलेश मटियानी ने तो पहाड़ी परिवेश के इन दो पात्रों को वैसे उठाया होगा जैसे उन्हें देखा था। गौरतलब है कि दोनों पात्रों में से कोई भी दूसरे से नीचा नहीं होता, दोनों अपनी उदात्तता पकड़े रहते हैं। बातें जरूर शुद्ध-अशुद्ध होने की चलती रहती है।...लेकिन लेखक की दृष्टि दोनों जातियों के पार मनुष्य, मनुष्य के दुःख की तरफ बराबर रहती है—

कुसुमावती बहूरानी ने किसनराम के आँसू पोंछ दिये थे—ब्राह्मणी, वह भी पुरोहित घराने की और अपने हाथों शूद्र के आँसू पोंछे, लेकिन भैरव पाण्डे जी ने ही क्या कहा था कि यह अशुद्ध होना नहीं, शुद्ध होना है। केवल पाण्डे के पूछने पर कुसुमावती की आँखें फिर गीली हो आयी थीं। बोली थी, "दुःख सभी का एक होता है।"...

या केवल पाण्डे का यह कहना, "जाति तो मिट्टी की होती है, किसनराम! मिट्टी छूट जाने के बाद सिर्फ आत्मा रह जाती है और आत्मा तो अछूत होती नहीं।"

कैसे उसी तथाकथित मनुवादी संस्कृति के तर्क से ही जातिवाद को काटा लेखक ने...

दलित विमर्श के इस दौर में आज कोई इस बुनियादी द्वन्द्व को लेकर कहानी लिखता तो किसनराम के पक्ष में तर्क-दलील दे देकर केवल पाण्डे को खलनायक बनाकर ही दम लेता, क्योंकि तभी वह अपनी दलित प्रतिबद्धता दिखा सकता था।

ऐसा करना आज राजनीतिक, यहाँ तक कि समाजशास्त्रीय कर्म माना जा सकता है...लेकिन लेखकीय कर्म वह है कि जो शैलेश मटियानी इस कहानी में करते हैं—सबको मनुष्य की तरह देखना। और अन्त में कैसी कलात्मकता से जाति के पार प्रेम की तरफ इशारा करके बढ़ जाते हैं।

"किसनराम की याद आने पर माथे का पसीना पोंछते हुए, उन्होंने (केवल पाण्डे) श्मशान की दिशा की ओर आँखें उठायीं। उन्हें लगा, अस्ताचलगामी सूर्य और उनके बीच इस समय उनका अपना ही प्रेत लटका हुआ है..."

किसनराम के प्रेत से चलकर केवल पाण्डे के प्रेत तक...कहानी दरअसल यह है, यों उसमें पूरा जीवन समाहित है।

मटियानी जी से पहली मुलाकात दिल्ली में हुई थी। आयकर विभाग में मेरे एक सीनियर ने, जो स्वयं पहाड़ के थे और थोड़ा बहुत लिखते लिखाते थे, उन्होंने मटियानी जी को मेरे पास उन्हें कुछ विज्ञापन दिलाने के लिए भेज दिया। मैं भी लिखता हूँ, यह जानकर मटियानी जी की परेशानी तब और भी बढ़ गयी होगी। जिन्होंने भेजा था उनकी एक भी रचना वे 'विकल्प' या 'जनपक्ष' में नहीं छाप पाये थे। जहाँ वे विज्ञापन लेने जाते थे वहाँ लेखक नाम के प्राणी की मौजूदगी उन्हें बहुत असुविधा, असमंजस में डाल देती थी। उन्होंने 'विकल्प' के कथा विशेषांक की अपनी बड़ी योजना बतायी...यह भी कि वह काम वे साहित्यिक दायित्व निबाहने के तहत कर रहे हैं। मेरे सीनियर को न छाप पाने की अपनी असमर्थत बताने के बहाने वे यह भी जता गये कि मैं उनके यहाँ छपने की बहुत उम्मीद न रखूँ। मैंने कुछ विज्ञापन इकट्ठे कराये...उनके लिए कि उनकी योजना के लिए?...शायद उन्हीं के लिए, क्योंकि मैंने देखा कि वह आदमी भीतर से बहुत ईमानदार था, वह जो करेगा पूरी नैतिकता से करेगा। इस दरमियान उनके साथ दफ्तर में कई बैठकें हुईं, उनसे बात करना अच्छा लगता था, उनकी मुलाकात किसी से कराने में गर्व महसूस होता था। एक दो बार मैंने उन्हें रोक लिया, दोपहर का खाना साथ खाया। आत्मीयता सहज ही विकसित होती चली गयी।

जब वे इलाहाबाद में 'विकल्प' विशेषांक की तैयारी कर रहे थे...तब बावजूद उनके एक तरह से मना करने के मैंने उन्हें अपनी कहानी भेजी, उन्हें लिखा कि मेरी कहानियाँ—'माध्यम', 'कहानी', 'लहर' आदि में छप चुकी हैं...विशेषांक में छपने की अपनी इच्छा भी साफ-साफ बता दी। उन्होंने कहानी वापस कर दी, दूसरी कहानी भेजने को कहा, लिखा कि वे तभी छाप सकेंगे जब उन्हें कहानी विशेषांक के स्तर की लगेगी, क्योंकि विशेषांक के स्तर को कम करने की स्थिति में वे एकदम नहीं हैं। तीसरी कहानी 'शुरुआत' उन्हें ठीक लगी और वह उन्होंने छापी। जिस सम्पादक में इस हद की नैतिकता हो, वहीं यह सम्भव हो सकता था कि जो उनके विशेषांक में छप जाये, उसे समकालीन हिन्दी जगत भी मान्यता देने को मजबूर हो जाये। बहुत

बाद में उसी इलाहाबाद से वर्तमान साहित्य का 'कथा महाविशेषांक' निकला जिसमें मटियानी जैसे कसे चुनाव की जगह सब कुछ भर लेने की, सभी को उपकृत करने की प्रवृत्ति थी। 'विकल्प' विशेषांक के आगे आज भी कोई कथा विशेषांक नहीं जा सका, वह एक अंक जिस तरह तत्कालीन हिन्दी कथा लेखन के पूरे परिदृश्य को आपके सामने रख देता है, एक साथ तीन-तीन पीढ़ियों के प्रतिनिधि लेखक अपनी चुनिंन्दा कहानियों के साथ...उसमें कितने ऐसे लेखक भी थे जिनसे मटियानी जी के सम्बन्ध अच्छे नहीं थे।

साहित्य को व्यक्तिगत सम्बन्धों से अलग रखना—यह मैंने मटियानी जी से सीखा।

'मेरी तैंतीस कहानियाँ' की भूमिका (1961) में शैलेश. मटियानी ने अपने कथालेखन के बारे में कुछ सूत्र छोड़े हैं :

1. बम्बई और कुमायूँ—उनकी साहित्य सर्जना के दो क्षितिज रहे हैं।
2. अभिव्यक्त स्थितियों और जीवन सन्दर्भों के वे सिर्फ द्रष्टा नहीं, भोक्ता भी रहे हैं तो उनके यहाँ लेखकीय तटस्थता नहीं स्वानुभूत तिलमिलाहट है, आक्रोश है।
3. उनके साहित्य सृजन के मूलाधार साधारण मनुष्य ही रहे हैं।
4. वे अपने कृतित्व को श्रम के हाथों सँवरे कलकारखानों, भवनों और लहलहाती फसलों से अधिक महत्त्व नहीं देते।
5. व्यक्तिगत रूप से मस्तमौला, आनन्दजीवी होकर भी वे साहित्यकार के रूप में गम्भीर, दायित्वशील और क्रान्तिद्रष्टा हैं।
6. साहित्य, पूँजीपतियों और सरकार के प्रति विरोधी रुख के सँकरे दायरे तक सीमित नहीं होना चाहिए।

1972 में 'मेरी प्रिय कहानियाँ' की भूमिका में ये महत्त्वपूर्ण बातें जुड़ीं :

7. "तात्कालिक स्तर पर जानकारियों और जान चुकने की आत्मप्रतीतियों में से लिखे गये साहित्य की अपेक्षा, जान सकने की आकांक्षाओं में से रचा गया साहित्य हमेशा ज्यादा मूल्यवान होता है।"
8. "किसी भी कहानी—या कि रचना को परखने की मेरे सामने सिर्फ दो ही कसौटियाँ हैं। पहली यह कि उस कहानी में प्रतिरूपित कथ्य मात्र अनुभूतिशीलता के प्रारम्भिक आवेगों के आगे रचनात्मकता की कोटि का अनुभव है, या नहीं। दूसरी बात यह कि जिस विधा के माध्यम से वह अनुभव सम्प्रेषित किया गया है, उसके शिल्पगत वैशिष्ट्य पर लेखक की पकड़ कितनी गहरी है।"

1990 में 51 कहानियों की भूमिका में दो महत्त्वपूर्ण बातें और आयीं :

9. "लेखक तभी तक क्रियाशील रह सकता है जब तक खुद को नेपथ्य से जोड़ सके। ऐसा करके ही लेखक वस्तु को उसका नेपथ्य दे पाता है... 'कफ़न' का नेपथ्य क्या स्वयं प्रेमचन्द का नेपथ्य नहीं है?"

10. "लेखक की एक पहचान अँधेरे को आलोक में बदल सकने में भी है और अँधेरे में दीप्ति तभी उत्पन्न हो सकती है, जबकि अँधेरे को पूरा जी लिया गया हो, क्योंकि अँधेरे के पार पहुँचने पर ही पता चल सकता है कि वह क्या था, जिसके सहारे कि अँधेरा पार हुआ।"

अँधेरा सिर्फ बाहर ही नहीं होता। जाने कितने मुकाम ऐसे आते हैं जबकि लगता है अब कोई भी छोर बाकी नहीं बचा। यह पोर-पोर में अँधेरे को अनुभव करना और इसे तब तक सहना, जब तक कि परिक्रमा पूरी न हो जाये, यही बताता है कि लेखक संवेदना से देखता है। गोविन्द मिश्र की 'वरणांजलि' इसका उदाहरण है। उसमें काल के संघात की एक परिक्रमा है।

तैंतीस कहानियों की भूमिका में उठायी गयी बातों पर अधिक कहने की जरूरत नहीं, सिवा इसके कि वे अपनी जगह सही हैं...अलबत्ता वे शैलेश मटियानी की कहानियों के संसार को सीमित करके आँकते हैं, शायद इसलिए कि अभी लेखक को बहुत आगे जाना था। शैलेश जी की कहानियों में पात्रों, कथ्य, विषयों का 'रेन्ज' बहुत बड़ा है। उनके यहाँ अगर 'सुहागिन' की ताँबे के कलश से ब्याह रचाने वाली महिला है तो आधुनिका भी। बम्बई और कुमायूँ के बाहर की भी कहानियाँ हैं। सिर्फ भोगे हुए यथार्थ की नहीं भोगे जैसे यथार्थ की कहानियाँ हैं। इस भूमिका में जिस बहुत ही महत्त्वपूर्ण बात की ओर संकेत है वह है कि जिन दिनों वे पूँजीवाद के शोषण को बहुत तेजी से महसूस करते थे, स्वयं उसके शिकार बने थे...स्वयं को क्रान्तिद्रष्टा-सा मानते थे...उन्हीं दिनों वे यह भी कहते हैं कि साहित्य पूँजीपतियों और सरकार के प्रति विरोधी रुख के सँकरे दायरे तक सीमित नहीं होना चाहिए। यह खुली दृष्टि ही थी जिसके कारण उनका कहानी संसार पृथ्वी के ऊपर ब्रह्माण्ड तक आरपार फैल गया...इसमें गलीज से गलीज जीवन खण्डों से लगाकर आत्मा-परमात्मा के प्रसंग भी हैं। जैसे जीवन से कुछ बाहर नहीं, वैसे ही कहानियों से भी नहीं और यह वे अपने लेखन के शुरू में ही महसूस करने लगे थे।

'मेरी प्रिय कहानियाँ' की भूमिका में तात्कालिक जानकारियाँ जान चुकने की आत्मप्रतीतियों और जान सकने की आकांक्षाओं की बात है...जो आज के लेखकों के लिए बेहद महत्त्वपूर्ण है। साहित्य में भी कोई बात अन्तिम रूप से स्थापित नहीं की जा सकती। शैलेश जी ने बहुत सोचकर शब्द चुने हैं 'जान सकने की आकांक्षाएँ'...जान सकने की कोशिश भी नहीं, आकांक्षा...। जीवन से सम्बन्धित कोई बात, प्रसंग, सन्दर्भ, प्रश्न...कुछ भी जानने-समझने के लिए जो पवित्र विनम्रता

चाहिए वह इस शब्द में है—आकांक्षा। जाहिर है कि मटियानी जी के अनुसार जान लेने की आकांक्षा के साथ किसी कहानी का जन्म होता है और जानने की कोशिश में वह रची जाती है। जो जान चुके वे कहानी नहीं लिख सकते। उस युग में जहाँ साहित्य को विचारधारा की प्रस्तुति का पर्याय माना जा रहा हो, उसके विषय उत्तरोत्तर अखबारी हो रहे हों, सर्जनात्मक लेखन पत्रकारिता के करीब आता जा रहा हो—मटियानी जी की यह बात रेखांकित की जानी चाहिए।

कोई भी विषय कहानी का विषय हो सकता है या विषय को रचनात्मकता की कोटि का होना चाहिए। अगर विषय नहीं भी है उस काटि का तो लेखक को वह विषय निकाल लाने की कला आना चाहिए। 'हारा हुआ' कहानी की स्थिति कितनी क्रूड, स्थूल है...जैसे कि स्वयं गंडामल पहलवान, पर कहानी गंडामल की स्मृति में बैठी उसकी बच्ची कंवली से गंडामल को हरवाती है। ऐसा ही कुछ-कुछ 'इल्ले स्वामी' या 'इब्बू मलंग' में है। अगर साधारणीकरण किया जाये तो शैलेश मटियानी की अधिकांश कहानियाँ किसी जीवनखंड से मुठभेड़ के बाद विषय को रचनात्मकता की कोटि तक लाने में ही जन्मती, फैलती और समाप्त होती हैं।

'नेपथ्य' की बात जो शैलेश मटियानी 51 कहानियों की भूमिका में उठाते हैं—उसकी तरफ यहाँ से बढ़ा जा सकता है। वर्तमान को अतीत से, दृश्य को अदृश्य से, सीमित को असीमित से जोड़ना...यथार्थवादी लेखक होते हुए भी शैलेश मटियानी सिर्फ जमीन तक सीमित नहीं रहते...वे जानते हैं कि जीवन के परिचालित करने वाली चीजें दरअसल वे हैं जो अदृश्य हैं...नेपथ्य। इसलिए उनकी कहानियों में जो ऊँचाइयाँ मिलती हैं, वे आमतौर पर यथार्थवादी लेखक में नहीं पायी जातीं। ऐसा इसलिए हो सका कि शुरू से ही वे साहित्य को सीमित करके नहीं देखते थे (तैंतीस कहानियाँ की भूमिका)। दरअसल इस 'नेपथ्य' से उनकी बात 'जान सकने की आकांक्षाएँ' भी जुड़ती हैं। उनकी बहुत कम कहानियाँ होंगी (मेरे ज्ञान में एक भी नहीं) जहाँ लगे कि हम किसी जाने-समझे, पहुँचे हुए से कहानी सुन रहे हैं। उल्टे हमेशा ऐसा लगता है कि कोई हमारे जैसा ही—डरा, सहमा हमें साथ लिए एक-एक सीढ़ी चढ़ रहा है, खुद नहीं जानता कि गंडामल पहलवान क्या करेगा।

अँधेरे से आलोक तक जाने की बात...इन शब्दों के आते ही वे लोग जो भारतीय या हिंदू संस्कृति के नाम से ही नाक भौं सिकोड़ने लगते हैं...वे तत्काल एक शब्द—'आध्यात्मिक' उछालकर व्यंग्य करने लगेंगे...जबकि इसका ताल्लुक दरअसल जीवन में आस्था, जिजीविषा से है जो दारुण स्थितियों में पड़े मनुष्य के लिए उतना ही जरूरी है, जितना शैलेश मटियानी के लिए थी और जिसने मटियानी को बम्बई के तंग दिनों में भी जीवित रखा। साहित्य होता ही इसलिए है कि आदमी को सम्बल देन कि सिर्फ इसलिए कि यथार्थ के अँधेरे को दिखाता रहे...जो हम बहुत कुछ जानते भी हैं। शैलेश मटियानी की श्रेष्ठ कहानियाँ अँधेरे को पूरा जी चुकने के बाद'

ऐसे ही किसी आलोक किरण पर खत्म होती हैं—'प्रेतमुक्ति','हारा हुआ','इल्ले स्वामी','इब्बू मलंग'' कठफोड़वा','मैमूद','अद्धगिनी'...और कितनी अन्य भी।

इसी क्रम में अपनी कहानी 'वरणांजलि' की बात कर ली जाये...जिससे शैलेश भाई इतने प्रभावित थे कि उसकी कई जगह उन्होंने चर्चा की टिप्पणियाँ लिखीं और अपने लेखों में उसकी विस्तार से व्याख्या की। 'गोविन्द मिश्र : सृजन के आयाम'—सम्पादक डॉ. चन्द्रकान्त बान्दिवडेकर में ये संकलित हैं। संक्षेप में उनके अनुसार यह उस आलोक की कहानी है जो व्यक्ति को दुःख के सामने खड़े होने की शक्ति देता है। जब जीवन में मुझ पर से वह दुर्घटना गुजरी थी, तो हिन्दी साहित्यजगत से लगभग सभी की संवदेनाएँ मिली...लेकिन शैलेश मटियानी की नहीं। शायद इसलिए कि वे भीतर बहुत ही कोमल व्यक्ति थे...किसी अन्य के जीवन में भी ऐसी दारुण यातना का सामना वे नहीं कर सकते थे, या मुझे क्या लिखते—इसके लिए भाषा ही उन्हें नाकाफी लगती होगी। कहीं मेरे जीवन का वह प्रसंग उनके भीतर बैठे भीरू व्यक्ति को और भी डराता था...इसलिए वे उससे भागते रहे। 'वरणांजलि' कहानी आने के बाद उस कहानी पर उनकी प्रतिक्रियाएँ खुलकर और विस्तार से आती चली गयीं। मुझसे तब भी बात सिर्फ कहानी की होती थी, मेरे जीवन में उस दुर्घटना की नहीं। मुझे नहीं याद पड़ता कि उस पर उन्होंने एक बार भी मुझसे बात की होगी, बहुत समय गुजर जाने के बाद भी कभी नहीं...शायद इसलिए कि जीवन में सिर्फ वह दुर्घटना थी, उसे सहनीय बनाने वाला आलोक नहीं दिखता था...इसलिए वे बचते थे। कहानी में वह आलोक था...जिससे शक्ति ले वे बार-बार उस कहानी में जा सकते थे, उसकी प्रसंग-दर-प्रसंग व्याख्या कर सकते थे, उसे विस्तार में 'कोट' कर सकते थे।

यह सही है कि उनकी अधिकांश कहानियाँ दो ध्रुवों पर चली हैं—एक, कुमायुँनी-परिवेश वाली दूसरी बम्बई-परिवेश की। दोनों में ही पात्र अधिकांशतः साधारण और निम्न वर्ग के हैं। साधारण वर्ग के पक्ष में शैलेश मटियानी की भावनात्मक आकुलता किसी मार्क्सवादी से कम नहीं थी। तैंतीस कहानियों की भूमिका में वे द्रष्टा-लेखक की तटस्थता की जगह, भोक्ता लेखक की स्वानुभूत तिलमिलाहट, अदम्य आक्रोश की बात करते हैं। बेशक वे साहित्य को विरोधी रुख तक सीमित नहीं रखना चाहते थे, पर पूँजीपतियों और सरकार के प्रति उनका रवैया विरोधी था। इसी भूमिका में उन्होंने अपने-आपको क्रान्तिद्रष्टा भी माना है। इसके बावजूद शैलेश मटियानी की छवि दक्षिणपन्थी, यहाँ तक कि भा ज पा के करीबी होने की बतायी गयी, खासकर उनके अन्तिम वर्षों में, जबकि कितनी जगह वे भाजपा की भर्त्सना करते तक दिखायी देते हैं। हिन्दी आलोचना और साहित्य के मठाधीशों की यह निहायत ही पूर्वग्रही दृष्टि थी। इसके लिए उनके वे लेख इस्तेमाल किये गये जिनमें भारतीय संस्कृति की पक्षधरता थी...जैसे कि कुमायुनी परिवेश वाली

कहानियों में वहाँ के सांस्कृतिक वैभव से उनका मोह साफ झलकता है। यह भी माना जा सकता है कि कुमायुँनी परिवेश की कहानियों में शैलेश भाई का स्वर उतना आक्रोशी नहीं है। जहाँ वे पुरानी रूढ़ियाँ, अन्धविश्वास, कर्मकाण्ड आदि से मुखातिब होते हैं...वहाँ भी भर्त्सना का स्वर काफी दबा-दबा होता है। जैसे 'महाभोज' में 'शिवरती' ने महाभोज के बाद जमीन पर पड़े रह गये पत्तलों और सकोरों के ढेरों को देखा। मन में हूक-सी उठी--इतना आटा, साग और तेल-मसाला तो कुनबे को तीन-चार महीने तक खींच ले जाता। ऐसा इशारा देकर या हल्का व्यंग्य कर वे आगे बढ़ जाते हैं। इसका कारण है कुमायुनी परिवेश से उनका जबर्दस्त जज्बाती लगाव जो आरम्भिक जीवन के कटु अनुभवों के बावजूद बना रहा। 'तैंतीस कहानियाँ' की भूमिका का यह अंश देखें :

"...और मैं भी जब-जब कुमायूँ की धरती-पार्वती के स्वरूप को आँखों में सँजोए कथा सृजन की पूर्वपीठिका को यज्ञ की स्वस्तिक-चिह्न-मंडिता वेदी की तरह सँवारने लगता हूँ, तो ऐसा लगता है कि एक कथा बीज जो मैंने कहीं अपने मन की धरती में रोपा था, वह अंकुरा उठता है...और

और...अन्तःकथाओं की अक्षर बालियाँ मेरी लेखनी के माथे झूमने लग गयी हैं...और अपने अकिंचन-सृजन-श्रम के बदले, अन्नदानों जैसी तृप्तिदायनी अंखरोटी पाकर मैं कृतकृत्य हो उठा हूँ, कुमायूँ की धरती-पार्वती के चरणों में नमित हो जाता हूँ।"

जिसका अपनी धरती से ऐसा प्रेम हो, उससे वह परिवेश उठाते समय बहुत यथार्थपरक, आलोचक होने की अपेक्षा नहीं करना चाहिए। इसलिए सामान्यीकरण का जोखिम उठाते हुए भी कहा जा सकता है कि जहाँ बम्बई-परिवेश की कहानियों में शैलेश भाई की दृष्टि यथार्थपरक है, वहाँ कुमायुँनी-परिवेश वाली कहानियों में वह थोड़ा रोमांटिक है। इसका एक फायदा तो यह निश्चित हुआ कि कुमायुँनी परिवेश की जो प्राकृतिक, सांस्कृतिक सम्पदा है वह जिस वैभव में शैलेश की कहानियों में उतरी है...वह शायद ही अन्यत्र देखने को मिले। उससे और कुमायुँनी भाषा की ऊर्जा और मुहावरों से हिन्दी प्रदेश और हिन्दी को जो समृद्धि मिली है उसके लिए वे शैलेश भाई के हमेशा ऋणी रहेंगे।

सिर्फ कुमायुँनी-परिवेश की कहानियों में ही नहीं...लेकिन वहाँ विशेषकर शैलेश मटियानी अपनी कहानियों को उन पात्रों के इर्द-गिर्द बुनते हैं, जिनसे वे जीवन में टकराये। अधिकतर उनका शिल्प एक पात्र को वर्तमान में लाता है, उसकी बारीक से बारीक चीजों को पकड़कर उसे उनके परिवेश के साथ स्थापित करता है, उसके अतीत में जाकर करीब-करीब उसके पूरे जीवन का चिट्ठा पाठक के सामने रख देता है...और फिर वर्तमान में लौटकर कहानी के क्लाइमेक्स की तरफ या पात्र के उदात्तीकरण की तरफ बढ़ता है। इस तरह उनकी अधिकांश कहानियाँ अपने फलक

में उस पात्र पर केन्द्रित छोटे-मोटे उपन्यास हैं। कितने पात्र और उनकी जिन्दगियों का आर-पार, उनके परिवेश को उसकी पूरी विपुलता में देखना...कुमायुँनी-परिवेश हो तो प्रसंगों-मुहावरों...जुमलों-लोकगीतों में लोकभाषा और लोकसंस्कृति के उपयुक्त रूपों को प्रस्तुत करते चलना...इससे सहज ही कल्पना की जा सकती है उस सशक्त सर्जनात्मक ऊर्जा की, जो शैलेश मटियानी में थी और जो उनकी कहानियों की बड़ी संख्या के भी पार कितनी दूर हमें ले जाती है।

शैलेश मटियानी संवेदना पर बहुत जोर देते थे। जो अपने न लिखने का कारण ढूँढ़ते हुए अपने समय और समाज की दुहाई देते रहते हैं, उन्हें उनकी संवेदना का सूख जाना शैलेश भाई ने अपने लेखों में दिखाया है। संवेदना का यह विस्तार ही होता है कि हम थोड़ी पीड़ा सहकर थोड़ा जोखिम उठाकर भी उन अनुभवों से गुजर जायें जिनसे हम बचकर भी निकल सकते थे। अपनी नौकरी के अन्तिम पड़ाव पर मैं उकता आया था क्योंकि इस नौकरी में राजनेताओं से सबका अन्तिम पड़ाव में ही पड़ता है। उन्हें झेलने का मेरा अनुभव नहीं था और राजनेताओं का जो रूप देखने को मिलता था उससे बड़ी वितृष्णा होती थी। नौकरी से स्वेच्छा मुक्ति लेने का मन बना लिया था। मेरे ब्यूरोक्रेट दोस्तों का खयाल था कि सर्वोच्च पद पर पहुँचना ही चाहिए उसके लिए कोई सारा जीवन कोशिश करता है—उसकी प्रतिष्ठा, पावर, रुतबा...ये दलीलें मुझे छूती नहीं थीं। शैलेश भाई ने कई बैठकों में मुझे समझाया। उनका तर्क एक ही था कि सर्वोच्च पद पर पहुँचकर मुझे प्रशासन तन्त्र का वह भीतरी परिदृश्य देखने को मिलेगा जो सबको नसीब नहीं होता और—क्या पता वह किसी बड़ी कृति की भूमिका बन जाये...इसलिए पीड़ा झेलते हुए भी मुझे अपने जीवन का यह अध्याय जी ही लेना चाहिए। वे जिस ईमानदारी, तल्खी और विराटता से जोड़ते हुए अपनी बात रखते थे उससे कोई भी प्रभावित हुए बिना नहीं रहता था...फिर मैं तो अब तक उनका आत्मीय बन चुका था। अज्ञेय, जैनेन्द्र, निर्मल वर्मा आदि से मेरे अन्तरंग सम्बन्ध मेरे और मटियानी जी से सम्बन्धों के लिए कभी बाधा नहीं बने थे। उनकी बात मानकर मैं चलता रहा और सचमुच जो उस दरमियान देखने को मिला वह अकल्पनीय था। मेरा उपन्यास 'फूल...इमारतें और बन्दर' शैलेश मटियानी को ही समर्पित हुआ और उस पर विस्तृत 'कहु रहीम कैसे निभै'—शैलेश भाई ने अपने जीवन के अन्तिम महीनों में 'माध्यम' में लिखा।

दो और बातों का उल्लेख जरूरी लगता है। उनकी संवेदना इतनी गहरी थी कि उनका पात्रों में काया-प्रवेश बहुत भीतर तक हो लेता था। स्वयं निष्कलुष, सन्त प्रवृत्ति के होते हुए भी वे गिरे से गिरे पात्र के सोच में प्रवेश कर लेते थे—'उठाईगीर' के चोर और उनमें जागती बुढ़िया के लिए हमदर्दी, इल्ले स्वामी या इब्बू मलंग का सोच, उसका शराब के नशे में बहकाव भरा सोच..."नजर बुरी तरह काँपने लगती है और मजार की रेशमी चादरें हिलती हुई दिखायी देने लगती हैं...और फिर लगता

है कि हकीकत में बंगाले वाली की रूह उसकी आँखों के अन्दर खंजर की तरह पैबस्त होती चली जा रही है, किसी के खून से सने हुए खंजर की तरह...और कोई शफ्फाक जलता हुआ शोला तालाब में डूबता हुआ-सा महसूस होता है...और नशे के मारे इब्बू मलंग की टाँगें काँपने लगती हैं। लगता है बिना लँगोट पहने ही कचड़पट्टी के पास सोये हुए इब्बू मलंग की लुंगी में बेशुमार चींटियाँ भर गयी हैं और नबी पाड़े की सुल्ताना भंगिन पान की पीक थूकने थूकने को हो रही है।" उदाहरण कहानियों में भरे पड़े हैं। दूसरी बात भाषा की है—इसे भी शैलेश भाई संवेदना से जोड़ते थे। एक बार उन्होंने मुझसे एक बहुत महत्त्वपूर्ण बात कही थी, बोले किसी भी लेखक की नैतिक गिरावट सीधे-सीधे उसकी भाषा में दिखायी दे जाती है, उसकी भाषा फिर वह नहीं रहती। लेकिन यहाँ मैं बात कर रहा हूँ परिवेश और पात्रानुकूल भाषा पकड़ने और लिखने की दक्षता की। बेशक इसका भी ताल्लुक संवेदना से है क्योंकि जितनी गहरी संवेदना से लेखक नेपथ्य-परिवेश में डूबेगा, अनुकूल भाषा स्वाभाविक रूप से आती चली जायेगी। एक तरफ 'प्रेत मुक्ति' की ब्राह्मणी, शास्त्रीय, संस्कृतनिष्ठ भाषा, दूसरी तरफ इब्बू मलंग में उर्दू की रवानगी, संस्कृतनिष्ठ एक शब्द नहीं। शैलेश मटियानी की भाषा में बिम्बों का जबर्दस्त प्रयोग देखने को मिलता है जिनसे कही गयी बात चित्र-दर-चित्र सामने आती चली जाती है। ऐसे-ऐसे बिम्बों का प्रयोग :

"अपनी गन्दी किचकिचाती आँखों को इबादत हुसैन ने ऐसे खोला, जैसे कोई पीब से भरे हुए फोड़ों को चीरा लगा रहा हो। चरस के नशे में डूबी हुई आँखों के कोने ताजा कुटे हुए कीमे के कतरे की तरह लाल-लाल दिखायी दे रहे थे और उनसे पानी ऐसे नितरने लगा था, जैसे इबादत हुसैन ने आँखें नहीं खोली हों, बल्कि जले फफोलों को फोड़ लिया हो..."

"मगर जब नबी पाड़े की सुलतानी भंगिन मत्था टेकने लगी तो उगलने-उगलने तक पी हुई दारु और आँखों में बुरी तरह जलन महसूस होने तक चढ़ाई हुई चरस के बावजूद, इब्बू मस्तान कुछ होश में आ गया और उसके कलेजी के टुकड़े जैसे होठों पर काले कुत्ते के दाँतों में दबी हुई हड्डी जैसी सफेदी हँसी चमक उठी— हत्त तुझ कमीनी का खसम बनूँ..."

जिसे शराब या चरस पीने का तजुर्बा नहीं उसके यहाँ ऐसे बिम्ब कहाँ से आते हैं...और वह काले कुत्ते के दाँतों में दबी हुई हड्डी जैसी हँसी...अद्भुत!

इसी तरह लेखक जब गालियों का इस्तेमाल करने चलता है तो कुमायूँ की बेपढ़ी-लिखी महिला की गालियाँ :

"मर जाये पोस्टमैन तेरा पालने-पोसने वाला, जिसने तुझे ऐसे कुकरम सिखाये। तेरी माँ-बहनों के काले चरयो क्या पहले ही टूट चुके कि यह पापी तार मेरे घर वज्र गिराने को लाया? अरे तेरे गोठ का बैल, गाँव का पधान मर जावे। मेरे बालकों को

अनाथ कर गया तू! तेरी ऊपर होती उमर को सहारा न मिले। जैसा जैहिन्दी तार तूने मेरे घर पहुँचाया, गोल्ल देवता के थान में बकरे काटूँ, जो कोई तेरे घर भी ऐसा ही तार पहुँचा आवे।"

और—इब्बू मलंग की कुत्तों को गालियाँ जो उसकी प्रिय कुतिया को पतीला चाटने नहीं देते :

"अरे स्सालो कमीनो! अपनी अम्मा की टाँगों में से एक-एक करके चार-पाँच इकट्ठे ही बाहर निकलते हो, तब तो भिण्डी बाजार के भडुओं की तरह नहीं भूँकते हो एक दूसरे पे? ईमान मर गया तुम स्साले कमीनों का, गोश्त के पतीले और कुतिया पर साला हरेक खुदगरज सिर्फ खुद ही चढ़े रहना चाहता है...हरामजादो—तुम तो इन्सानों से भी बदतर हो गये हो..."

आखिरी कमैंट कितना अर्थपूर्ण! और शैलेश मटियानी तिरोहित हैं, सिर्फ इब्बू है! यह होती है कला।

भाषा इसी तरह जहाँ हास्य लेकर आती है तो वहाँ समाज के एक वर्ग के बनियापन पर कैसा कमैंट मारती है जिसका ध्यान बहू के गायब हो जाने से ज्यादा जो-जो पहने चली गयी उस पर है। बहू के गायब होने पर ससुराल वालों का वह पत्र :

"जो कि आपकी बेटी, जो हमको ब्याही थी परसों सोमवार 28 गते आषाढ़ सुदी से लापता है। बदन पर जाने से पहले कत्थई रंग की बनारसी साड़ी थी—जो कि खास हमको ही थोक में बनारस शहर से मँगाने पर पिचत्तर रुपये साढ़े सात आने फी नग बैठती है— और पौपलीन की पीली कुर्ती। मलेशिया का पेटीकोट। पावों में कानपुरिया चप्पल। ये सब पहने हुई थी। इसके अलावा कानों में डेढ़ तोले खालिस सोने के कर्णफूल। हाथों में दो-दो सोने की जैपुरी चूड़ियाँ। गले में पाँच तोले की मटर माला। गले में ही एक सोने की सिद्ध ताबीज थी जिसे हमारी पूजनीया माता जी ने काशी तीर्थयात्रा के समय दशाश्वमेघ घाट के महन्त सिरी 108 महागुरु अखण्डनाथ शंकरी से सिद्ध करवाया था..." *(हरकू हौलदार)*

शैलेश मटियानी में अगर एक भी कमी मुझे नजर आती है तो वह है उनका उत्तरोत्तर विचार-प्रधान होते चले जाना। सियासत के इर्दगिर्द बुनी हुई उनकी कहानियाँ इसीलिए मुझे कमजोर लगती हैं—चाहे वह 'हत्यारे' हो या 'नाच जम्बूरे नाच'...बल्कि जिस तरह के पात्रों पर वे वैसे उच्चकोटि की कहानियाँ लिखते हैं, वे विचारों की जलेबियाँ बनाने के चक्कर में उनके हाथ से फिसल जाती हैं—जैसे छिद्दा पहलवान वाली गली।

इत्तफाक कि जैसे दलित विमर्श वैसे ही नारी विमर्श के फैशन में आने के बहुत पहले शैलेश मटियानी इन दोनों विषयों पर बढ़िया कहानियाँ लिख गये। दलित-चर्चा 'प्रेत मुक्ति' के सन्दर्भ में शुरू में ही की जा चुकी है। नारी विमर्श

के लिए दो कहानियों का जिक्र किया जा सकता है (वैसे और भी कई होंगी)–'अर्द्धांगिनी' और 'महाभोज', एक में सूबेदारनी, निम्न वर्ग से ऊपर और–दूसरे में शिवरत्ती दलित वर्ग। दोनों में ही लेखक नारी की वह मूर्ति गढ़ने की तरफ बढ़ता है जहाँ वह जीवन को सँवारने वाली, जीवन में पुरुष को सँभालने वाली है। 'अर्द्धांगिनी' में तो वह साक्षात प्रकृति है...इतनी पूर्ण...जो कुली न मिलने पर वह काम भी अपने ऊपर ओढ़ लेती है। "मेरा तो रोज का अभ्यास हुआ रमुवा के बाबू! बेकार के संकोच में पड़ रहे हो। खेतों में पर्सा नहीं ढोती कि घास-अनाज की गट्ठर नहीं। उस दिन भी तुम्हारे पीछे-पीछे पाल्यों का जान लिये चल रही थी...

"इज्जत तो भीतर की भावना से हुई। हम निगोड़ी तुम तुम तुमड़ाती रहीं जिन्दगी भर। 'महाभोज' में लेखक ने नारी को आदर भावुकता की हद तक दिया है :

"शिवरत्ती मैं ससुरा तेरे चरनों पर की धूल भी नहीं"...

"शिवरत्ती मैं तेरा गुनेगार हूँ..."

जब शिवरत्ती को महाभोज पर हुआ खर्च कचोटता है :

"मगर तुरन्त ही उसने अपने आपको सँभाल लिया। उसका ही धीरज यों छोटा पड़ गया, तो चैतीराम को किस मुँह से ढांढस बँधवाएगी।"

'अर्द्धांगिनी' में नारी का यह रूप अधिक परिपक्व होकर आता है–कि यह कहानी सूबेदार-सूबेदारनी, सिपाही और गाँव में बैठी पत्नी के प्यार, स्त्री-पुरुष एक दूसरे के पूरक की कहानी के भी पार...स्त्री का प्रकृति के रूप में पुरुष-पालक होने की कहानी बन गयी है। "स्त्रीत्व भी क्या चीज हुआ सारे ब्रह्माण्ड में व्याप्त ठहरा। कोई ओर छोर थोड़े हुआ इनकी ममता का।" "मेरे लिए रमुवा (पुत्र में) और तुममें क्या अन्तर हुआ।" सूबेदारनी के लिए एक-एक उपमान प्रकृति से लिये गये हैं–सूबेदारनी का बन की हिरनी की तरह चौंकाने वाला बिम्ब, "झाँवरों की आवाज अभी भी मधुमक्खियों का-सा छत्ता डाले हुए है..." "सूबेदासी साहिबा का खिलखिलाना हिलास पक्षी के चन्द्रप्राकार झुण्ड सा उड़ता हुआ, जाने हिमालय के शिखरों तक कहाँ-कहाँ चला गया। सारा अरण्य डूब गया।" "दूर खड़ा मराड़ी का जंगल याद रखना, भूलना मत, पुकारता-सा आगे को आ रहा है और प्रकृति सूबेदारनी की ही भाँति घाघरा फैलाये बैठी मालूम पड़ती है।" और कहानी का अन्त :

"कुली ने सामान लाद लिया, तो सूबेदारनी ने पाँवों का स्पर्श किया और सिर तक समा गयीं। सूबेदार को हुआ, पंख हुए होते, तो एक ही उड़ान में ओझल हो जाते।"

ऊपर तक पहुँचते ये नैना सूबेदार मुड़े नहीं। गाँव की कच्ची सड़क का मुहाना मुख्य सड़क में समा गया, तब पलट कर देखा।

सूबेदारनी इसी ओर टकटकी लगाये खड़ी थीं। ओझल होते तो उन्हें ही देखना है।

एक-एक वाक्य कितना 'सजैस्टिव'। प्रकृति को सिर्फ पालना नहीं—ओझल होते हुए भी देखना है। वहाँ तक।

मुझे यह कहानी मटियानी जी की सर्वश्रेष्ठ कहानी लगती है—सौन्दर्य, प्रेम, कोमलता, विराटता सब कुछ है यहाँ। इसी तरह खुरदुरेपन और अक्खड़ता के छोर पर 'इब्बू मलंग'। नारी विमर्श वाले 'अर्द्धांगिनी' में फिर भी दोष निकाल सकते हैं कि वह नारी की उस छवि को स्थापित करती है जो पुरुष को सुविधाजनक है। मैं यह नहीं मानता। नारी पुरुष की अपेक्षा प्रकृति के ज्यादा करीब है, वह जन्म देने और संवर्द्धन की प्रक्रिया से सीधे जुड़ी हुई है...इसलिए प्रकृति ही है। पुरुष को उसके प्रति उपकृत होना चाहिए—कहानी का केन्द्रीय भाव यही है, पूजा से थोड़ा नीचे का, उपकृत होकर प्रेम में भीग-भीग जाने वाला भाव।

'नदी किनारे गाँव' मटियानी जी की अन्तिम कहानी थी। वहाँ 'अर्द्धांगिनी' और 'इब्बू मलंग' जैसा कसाव नहीं है, उलटे बिखराव है। उन दिनों शैलेश मटियानी सिर की बीमारी से जिस तरह पीड़ित थे—उसमें यही बड़ी बात थी कि कोई ऐसी लम्बी कहानी लिख लें—वर्ना तो अच्छे-खासे तन्दुरुस्त लोग, न लिखने का कारण ढूँढ़ते हुए ही अपनी एक तिहाई जिन्दगी लम्पटता में गुजार देते हैं। शैलेश मटियानी के भीतर लिखने की कैसी भूख थी यह इस कहानी से पता चलता है। नदी में बाढ़ की तरह सृजनात्मकता यहाँ ओर-छोर फैली हुई है, भले ही वह एक सुव्यवस्थित, मुकम्मिल कहानी न बन पायी हो।

शैलेश मटियानी मुझसे बार-बार यह कहा करते थे कि वे कोई अच्छा उपन्यास नहीं लिख सके। अनुभव उनके पास थे, रचनात्मक भाषा थी, दृष्टि में विराटता थी, समेटने का सामर्थ्य भी...लेकिन वे कहते थे जिस थमाव, धीरज की ज़रूरत उपन्यास लेखन के लिए होती है...उसके हिसाब से उन्हें कभी जीवन ने समय नहीं दिया। इसलिए जैसे कहानियाँ सध गयीं, लेख सध गये...उपन्यास नहीं सधे। एक बड़ा उपन्यास लिखने की महत्त्वाकांक्षा बराबर बनी रही, जब धीरज वाला वैसा समय उन्हें मिल सकता था...सिर-व्याधि ने पकड़ लिया। यह हमारे हाथ में नहीं होता कि हम क्या और कितना अच्छा लिख पाते हैं...लेकिन अच्छा लिखने की आकांक्षा बनी रहे—यह क्या कम है। लेखकों की तो लिखने की ही आकांक्षा जाती रहती है।

शैलेश मटियानी ने मुझसे ही नहीं कई लोगों से यह बात कही होगी कि पूरी विनम्रता के साथ वे कहना चाहते हैं कि प्रेमचन्द के बाद हिन्दी के सबसे बड़े साहित्यकार वे हैं। 'विनम्रता' वे अवश्य जोड़ते थे...फिर भी लोगों को यह बड़बोलापन लग सकता है...क्योंकि बीच में जैनेन्द्र, अज्ञेय, यशपाल हैं, रेणु हैं... और भी कितने हैं जिनका अपना अलग-अलग और महत्त्वपूर्ण योगदान है...लेकिन

अगर सिर्फ कहानी विधा की बात की जाये, प्रेमचन्द के जैसे सर्जनात्मक परिवेश या साधारण पात्रों की बात की जाये...माने प्रेमचन्द की जमीन पर लिखी गयी कहानियों की बात हो तो शैलेश मटियानी का वह कहना कतई बड़बोलापन नहीं लगेगा। प्रेमचन्द की जमीन पर कहानियाँ लिखते हुए शैलेश मटियानी उनसे एक हाथ आगे गये। प्रेमचन्द उस तरह पात्रों के आन्तरिक जगत में नहीं झाँकते या झाँक पाते जैसे शैलेश मटियानी करते हैं। मैंने एक जगह कहा था कि शैलेश मटियानी प्रेमचन्द और जैनेन्द्र के अद्‌भुत मिश्रण हैं। इस मायने में प्रेमचन्द की जमीन पर खड़े होते हुए भी वे उनसे आगे जाते दिखते हैं, कम-से-कम कहानियों में।

छोटे-छोटे सुखों में जीते, झूमते : रामकमल राय

पहली मुलाकात में भाई रामकमल राय जी ने मुझे बहुत प्रभावित नहीं किया था। 1982 के आसपास स्वामी अखंडानन्द जी के वृन्दावन आश्रम में अज्ञेय जी द्वारा आयोजित वह एक हफ्ते का लेखक शिविर था। मुझे वे अज्ञेय जी के आलोचक कम, उनके अन्धभक्त अधिक लगे थे, अज्ञेय जी के काव्यपाठ पर उनकी पंक्तियों में लहराते, झूमते। श्री नरेश मेहता के साथ उनके सम्बन्ध फिर भी अधिक दोस्ताना और सहज दिखते। एक और बात जो मुझे उनसे दूर रखती थी, वह उनका जरूरत से ज्यादा बोलना था। वे इतना बोलते थे कि मैं थकने को हो आता।

लेकिन उसके बाद जब मेरा इलाहाबाद जाना हुआ तो साधारणता में छिपी उनकी केन्द्रीय विशिष्टता खुलने लगी। वे न केवल मेरे कार्यक्रम में रहते, मैं जहाँ-जहाँ जाता...मेरे साथ जाते—चाहे वह संगम हो, या शैलेश मटियानी जी के घर। मैं विश्वविद्यालय में अपने दिनों की याद करते हुए घूमता तो मेरे साथ वे मेरी यादों में तिरते। एक व्यक्ति करीब-करीब अपना पूरा वजूद मिटाकर अपने साथी में इस कदर जज्ब हो सकता है क्या...मैं सोचता। कभी वे बहुत धीमे से सुझा देते—चलिए लक्ष्मीकान्त वर्मा जी के यहाँ हो आते हैं। इलाहाबाद लेखकों की राजनीति का दलदल हमेशा से रहा है, पर रामकमल राय उस कीचड़ में खिले कमल थे। वे कभी वहाँ की खींचातानी की चर्चा न करते, किसी की बुराई तो उनके मुँह से कभी सुनी नहीं। मिठास जो उनके चेहरे और होंठों से लिपटी दिखती, वह भीतर से निकलती थी। शैलेश मटियानी जब अपना आक्रोश व्यक्त करते होते या दूधनाथसिंह जब अपने खास कुटिल और व्यंग्यात्मक अन्दाज में इलाहाबाद के किसी लेखक की निन्दा करते होते, रामकमल राय अपनी मुसकान के रास्ते चुपचाप उस पर से फिसल जाते। नकारात्मक चीजें उनसे चिपकना तो दूर, उन्हें शायद छू भी नहीं पाती थीं। वे अपनी पसन्द के पीछे चलते रहते। वृन्दावन शिविर के बाद उन्होंने मुझे लिखा था कि वे मुझे पसन्द करते हैं, मुझसे मित्रता की जा सकती है...मैं बहुत बाद तक न समझ पाया कि क्यों...? मैं अपने टेढ़ेपन से वाकिफ हूँ, तो जब कोई कहे कि वह मुझे पसन्द करता है तो मुझे खासा ताज्जुब होता है।

हिन्दी साहित्य सम्मेलन प्रयाग का अधिवेशन तिरूवनन्तपुरम में था। मुझे

साहित्य सभापति चुना गया था और उनकी परम्परा के अनुसार साहित्यसत्र का मुख्य भाषण मुझे लिखकर ले जाना और पढ़ना था। मैं अधिवेशन स्थल के पास के एक होटल में ठहराया गया था, रामकमल राय जी, सत्यप्रकाश मिश्र आदि कहीं और थे। मैंने देखा कि मेरे भाषण पढ़ने के दौरान रामकमल राय जी अगली पंक्ति में बैठे हैं। झूम नहीं रहे थे, पर अपनी सब इन्द्रियाँ जाग्रत किये हुए यों सुन रहे थे जैसे एक भी शब्द अपनी पकड़ से बाहर नहीं जाने देना चाहते थे। बाद में बोले—गद्य में कितना कसाव होता है, एक छोटे लेख में इतनी बातें कही जा सकती हैं।

वे जब कभी मेरे होटल में आ जाते, लुढ़कते हुए सीधा रास्ता उन्होंने खोज लिया था। मेरी एक शोध छात्रा अपनी गाइड के साथ मेरा साक्षात्कार ले रही थी...एक बार जब वे आये। चुपचाप एक किनारे बैठकर सुनते रहे...पूरा एक घण्टा। जो बोलने में रस लेता हो, जैसे वे लेते थे...उसके लिए यह तपस्या ही होगी, मुझे लग रहा था। शोध-प्रश्नों में जो उबास होती है, शोध छात्रों में स्तरहीनता...उससे ऊब, यहाँ तक कि चिड़चिड़ा कर मैं उस साक्षात्कार को जल्दी सामाप्त कर देना चाहता था। रामकमल राय जी का आना बहाना था जो मुझे मिल गया था। साक्षात्कार खत्म हुआ, मैं थोड़ा इधर-उधर हुआ कि रामकमल भाई उस छात्रा से बातचीत में डूब गये थे। बाद में अधिवेशन स्थल में भी मैंने उन्हें उस छात्रा से बातचीत में व्यस्त पाया। जब भोपाल में मुझे उस छात्रा का पत्र मिला तो उसमें रामकमल राय जी की भूरि-भूरि प्रशंसा थी। उस छात्रा को मुझसे कहीं ज्यादा दिशा भाई रामकमल राय से मिली। पूरे दिशा निर्देश...शोध कैसे किया जाये से लगाकर गोविन्द मिश्र के कथा साहित्य की विशेषताओं तक। छात्रा गद्गद थी। मुझे रामकमल राय जी से ईर्ष्या हुई...उस छात्रा पर प्रभाव मेरा पड़ना चाहिए था, पड़ा रामकमल भाई का।

तिरूवनन्तपुरम प्रवास के दौरान ही, रामकमल राय जी ने कोवलम समुद्रतट जाने का कार्यक्रम बनाया, मेरे साथ। मैंने कोवलम तब देखा था, जब वह सिर्फ समुद्रतट था तब वहाँ सिर्फ पहाड़ी पर केन्द्रीय पर्यटन विभाग का एक रंगबिरंगा सीढ़ियों में बना होटल था। तब मैं उस छोर से समुद्र के किनारे-किनारे कोई तीन-चार मील तो चला ही हूँगा...अकेला मैं, एक-दो जगह कुछ मछुआरे मिले थे...पर्यटक एक भी नहीं। अब—दसेक सालों बाद वहाँ मेला लगा हुआ था। उस होटल से एक मील तक दुकानें ही दुकानें थीं। ठहरने की कितनी जगहें उग आयी थीं। रामकमल राय रास्ते में बताते रहे थे कि उन्हें यात्रा करने का बहुत शौक है। अज्ञेय जी के लिए उनकी श्रद्धा एक इस कारण भी थी, मुझे जो वे पसन्द करने लगे थे तो इसलिए भी कि मैं साहित्य के अलावा भी कुछ करता था—घूमता था।

हम समुद्र से सटी एक छोटी-सी पहाड़ी पर चढ़कर बैठ गये। नीचे एक बढ़िया

कपड़ों में सजा युवक आती लहर को उँगलियों से छूता था...अगर उसकी तरफ लपकती तो वह पीछे भाग लेता था।...खुश...पता नहीं कितना लहर को छूने से खुश, कितना खुद को बचा ले जाने की चतुराई से। मैंने वहीं ऊपर बैठे-बैठे ही उससे कहा...लहर से डरते क्यों हो, कपड़े उतारो और समुद्र में जाओ...तब वहाँ सैकड़ों लोग नहा रहे थे, नहाने के लिए वह स्थान सुरक्षित माना जाता था, मैंने उन लोगों की तरफ इशारा करके बताया।

युवक झेंपा...पर वह नहाने नहीं गया। पहाड़ी से उतरकर जब हम समुद्रतट पर चल रहे थे, मैंने रामकमल राज जी से कहा :

"मुझे ग्लानि हो रही है—उस लड़के को समुद्र में जाने के लिए उकसा रहा था...जबकि मैं खुद, उसी की तरह सजाधजा दूर-दूर चल रहा हूँ। वह तो कम-से-कम उँगलियों से लहर को छूता था। मैं दूर रेत पर चल रहा हूँ। जब मैं पहली बार यहाँ आया था तो मैंने अकेले समुद्र में घुस कर लहरों के थपेड़े खाने का सुख लिया था। तब यहाँ नहाने वाला एक भी नहीं था। अब मैं सभ्य हो गया हूँ तो बच कर चलता हूँ। सागर तट आया पर नहाने की तैयारी से नहीं, तौलिया भी साथ नहीं...।"

भीतर की अकुलाहट को दबाये मैं स्टोर्स की एक दुकान में पहुँचा, उससे पूछा क्या यहाँ कहीं किराये पर स्विमिंग कस्ट्यूम मिलते हैं। उसने 'शावर' लेने की जगह तो बता दी...लेकिन कस्ट्यूम कहीं नहीं मिलेंगे—यह भी बताया।

'अगर तौलिया भी होता तो नहा सकता था, अंडरवियर पहने-पहने...' मैं भुनभुनाया।

रामकमल राय जी 'एक मिनट में आया' कहकर उधर चले गये जहाँ दुकानों का जमावड़ा था। मैं अनमना रेत पर टहलता रहा। सामने देशी-विदेशी पर्यटकों को समुद्र में नहाते, लहरों का लुत्फ लेते रश्क से देख रहा था। थोड़ी देर बाद रामकमल जी दो सफेद तहमद लिए प्रकट हए...

'इनसे काम हो जायेगा। आप इसे तौलिया समझ लीजिए—उन्होंने एक तहमद मुझे थमाते हुए कहा—मैं भी आपके साथ समुद्र स्नान का सुख उठा लूँगा।'

मैं अंडरवियर पहने समुद्र में घुस गया, रामकमल राय जी तहमद पहनकर घुसे। एक घण्टा जमकर स्नान किया। समुद्र की मोटी लहरें शरीर की किस तरह मालिश करती हैं यह रामकमल राय जी को बताता रहा, वे बच्चे की तरह सुनते-सीखते रहे।

उन्होंने मेरी अन्तःपीड़ा महसूस कर ली थी, चुपचाप उसका निदान किया... और साथ स्वयं सुख लिया। दूसरे के लिए तकलीफ उठाना और अपना सुख भी दूसरे से लगे लगे पाना...यह वही कर सकते हैं जिन्होंने अपने अहं को घिस डाला होता है, मुझ जैसा अहंवादी नहीं। वह तो अहं की तृप्ति पर ही खुश होगा, नहीं तो कुढ़ेगा। उस शाम मैंने महसूस किया कि रामकमल राय अपनी साधारणता में कितने बड़े थे, उनकी सहजता इसी साधारणता से फूटती थी। सहजता जीवन जीने पर जोर देती

थी, महत्त्वाकांक्षी बनने पर नहीं। इसीलिए उन्होंने कभी बहुत या बड़ा लिखने की महत्त्वाकांक्षा नहीं पाली, छोटे वृत्त में अपने ढंग से जीना ही परम सुख था।

उन्होंने बताया था कि वे घर के बाहर का आपातकाल में ही खाते हैं। ऐसे बाहर-भीतर शुद्ध व्यक्ति को जौन्डिस। उसे गन्दगी की छुअन भी कहाँ पच सकती थी! उन जैसे व्यक्ति की याद करते हुए सोचता हूँ कि जीवन में महत्त्वपूर्ण बड़े कामों के पीछे भागना—यह लिखना, वह लिखना, प्राप्तियाँ, यश, सम्पत्ति संग्रह आदि—नहीं होता, दूसरों को छोटे-छोटे सुख देते हुए स्वयं उन सुखों को जीना होता है।

रामकमल राय जी ने अपने अन्य मित्रों और उससे भी ज्यादा अपने छात्रों के साथ ऐसे कितने छोटे-छोटे सुख जिये होंगे।

साहित्यकार-बिरादरी की प्रतीति : भीष्म साहनी

यह एक-एक करके वरिष्ठ लोगों का उस लड़ से टपकते चले जाना जिसमें आप भी अपने को पीछे कहीं गुँथा पाते हो...वे लोग जो लेखकीय बिरादरी का आभास देते थे...

असहाय महसूस करता हूँ हर बार। बहुत पहले 'अज्ञेय', जैनेन्द्र...फिर धर्मवीर भारती, शैलेश मटियानी, नरेन्द्र शर्मा, नागार्जुन, केदारनाथ अग्रवाल, डॉ. रामविलास वर्मा, शिवमंगल सिंह 'सुमन'...और अब भीष्म साहनी। हर बार भीतर से कोई कहता होता है—काश वे कुछ दिन और रहते। उनका होना कभी लेखन के लिए महत्त्वपूर्ण था। अब वे न भी लिखते...पर रहते, होते हमारे बीच, उस वक्त जब साहित्यकार परिवार या बिरादरी की प्रतीति करना तो दूर, उस पर बात करने वाले भी नहीं... उस पर चोट करने वालों की संख्या अलबत्ता बढ़ती चली जाती है, दिन प्रति दिन।

भीष्म जी से दूसरी मुलाकात (परिचयात्मक के बाद वाली) काबिले जिक्र है। मैं दिल्ली आ चुका था। लिखना शुरू हो चुका था पर मुझे कोई जानता नहीं था। दिल्ली में रह रहे सभी प्रतिष्ठित लेखकों से मिल लिया था...खट्टे-मीठे अनुभव। भीष्म जी ने अपने प्रतिष्ठित होने का जरा भी अहसास नहीं होने दिया। मेरे भीतर जो अपने से वरिष्ठ लेखकों के लिए सम्मान है—वह उन तक पहुँचा था, यह भी कि मेरे लिए सबसे वरेण्य लेखक ही है। और कुछ ही दिनों में मैं उनके घर पहुँचने की पेशकश फिर से कर बैठा। असली वजह थी कि उन दिनों भीष्म जी के बड़े भाई बलराज जी उनके घर रूके थे और मेरे परिवार के लोग उससे मिलना...कहिए उन्हें देखना चाहते थे। फोन पर यह कह देते तो क्या पता टाल दिया जाता...फिल्म वालों से मिलना कठिन होता है। इसलिए मैंने जाहिर भीष्म जी से मिलने की बात ही की थी...पर हमारा असली मकसद देर तक छिपा न रह सका। उनके यहाँ थोड़ी देर बैठने के बाद मैंने भीष्म जी से थोड़ा झेंपते हुए धीमे से कहा, "बलराज जी से मुलाकात हो सकेगी क्या?" वरिष्ठ कथाकार, उसका ही घर, उनसे ही मिलने को गया मैं. ..कोई और होता तो अहंआहत हो सकता था, पर भीष्म जी सब समझकर भी सिर्फ मुस्कुरा कर रह गये। चुपचाप भीतर जाकर बलराज जी से कुछ कह आये। वे चाहते तो बलराज जी सो रहे हैं, या नहीं है...ऐसा कुछ कहकर टाल सकते थे। थोड़ी देर

में बलराज जी आये...सजे-सँवरे। एक तरफ भीष्म जी...मुड़े-तुड़े कपड़ों में, सिकुड़े से बैठे...किसी की नजरें उन पर नहीं, करीब-करीब उपेक्षित—मेरी तरफ से भी जो अभी कल ही उनसे लेखक होने की महत्ता पर बढ़-बढ़ कर बात करके गया था। पर उस सिकुड़े बैठे होने में भी वे कहीं कुण्ठित नहीं, जब हमने विदा ली तब भी उनके चेहरे पर वही मिठास भरी मुसकान...जो उनकी पहचान थी।

'तमस' की समीक्षा में मैंने उनकी आलोचना की थी। आज भी महसूस करता हूँ कि उसका पहला अध्याय इतना सशक्त है कि बाकी उपन्यास किस्सागोई लगता है। भीष्म जी ने न कभी उसका बुरा माना और न ही उनका मेरे प्रति जो व्यवहार था उसमें फर्क आया। उनसे मुलाकातें होती थीं...कभी उनके घर पर, कभी राजकमल के दफ्तर में जहाँ वे 'नयी कहानियाँ' के सम्पादक थे। उन्होंने 'नयी कहानियाँ' में मेरी कहानियाँ प्रेम से छापीं। जहाँ उनके समकालीन लेखक जो दिल्ली में थे और जो खुलासा अपने को प्रौजेक्ट कर रहे थे, वहीं भीष्म जी चुपचाप अपने कोने में सिमटे लिखते रहते थे। मार्क्सवाद के लिए उनकी प्रतिबद्धता भी कभी आक्रामक नहीं हुई...विचारधारा उनके लेखन में कभी लाउड होकर नहीं आयी। साहित्य के दायरे में, कलात्मकता की शर्तों के साथ वह बहुत ही महीन ढंग से उस विचारों में गुंफित रहती है जो रचना विशेष से उभरता है। 'मय्यादास की माड़ी' मुझे उनकी सर्वश्रेष्ठ कृति लगती है— व्यापक फलक, अवसान की ओर अग्रसित खोखली संस्कृति की तसवीर...कलात्मक दृष्टि से भी एक सन्तुलित कृति। मैंने उन्हें पत्र लिखा था जिसका जवाब भी आया। पार्टी से जुड़े अन्य लेखकों की तरह मंच पर जा जाकर व्याख्यान देने से सर्जनात्मक तृप्ति पा लेने वाले या मन्त्रियों के तलवे चाटने वाले लेखकों में से नहीं थे भीष्म साहनी। बाहरी चीज़ों से स्वयं को खींचकर लेखन-कर्म में लगे रहना उनकी जीवन शैली में था...और उनका विपुल लेखन, अन्त- अन्त तक लिखते रहने को बतौर सुबूत पेश किया जा सकता है। रिटायर होने के बाद वे फिल्मों और नाटक में अभिनय करने लगे थे...लेखक को लिखने से इतर कोई-न-कोई काम करते रहना चाहिए। इसी तरह सड़क में चलते आदमी साधारण आदमी में उनकी रुचि बराबर रही। उनकी कितनी कहानियाँ इसी तरह आयी हैं। अधिकांशतः वामपन्थियों में एक आडम्बर घर कर जाता है, लेकिन भीष्म जी जो भीतर से महसूस करते थे उसे लिखने से खुद को सिर्फ इसलिए नहीं रोकते थे कि इससे उनकी वामपन्थी छवि पर असर पड़ेगा। उदाहरण उनकी 'बुढऊ की डायरी' है जिसके दो भाग मैंने 'अक्षरा' में छापे। उसमें एक जगह उन्होंने लिखा है कि इन दिनों स्कूल जाती लड़कियाँ सुन्दर लगती हैं...आदि, भीतर से निकला इसलिए इतना 'इनोसेन्ट' और मीठा भाव। उनका लेखन और इतना सहज और सरल है तो इसलिए कि वे भीतर भी ऐसे ही थे—निश्छल, करुणा से भरे...पोर-पोर मानवीय।

कलकत्ता कथा-समारोह, 83 वाला। उसके पहले 64 के आसपास हुआ था

जिसमें तबकी सारी कथा पीढ़ियाँ इकट्ठी हुई थीं। जैनेन्द्र कुमार वाली, नयी कहानी वाली और उसके बाद की। नये कहानीकारों ने जैनेन्द्र जी को ध्वस्त करने का अभियान चला रखा था...लेकिन भीष्म पितामह का कुछ न कर सके। वही जैनेन्द्र 83 वाले सम्मेलन में सूर्य की तरह केन्द्र में थे, उस समय के आक्रमणकारियों का अता-पता नहीं था। जैनेन्द्र जी खूब हस्तेक्षप कर रहे थे, एक बार हिमांशु जोशी की किसी बात की प्रतिक्रिया में बोले...वे...हिमांशु जोशी, वे तो पत्रकार हैं, लेखक कहाँ. ..हिमांशु तिलमिलाये इधर दौड़ें, उधर...तब भीष्म जी, जो उग्र बोलना जानते ही नहीं थे और जैनेन्द्र जी कभी जिन्हें दिखाने अपनी शुरू की कहानी ले गये थे, उनका प्रतिवाद करना! उन्होंने हस्तक्षेप किया और मीठे-मीठे जैनेन्द्र जी का आशय यह नहीं था, आदि आदि करके—हिमांशु के आहत मन को तसल्ली पहुँचायी। आज के अधिकांश वामपन्थियों की तरह भीष्म जी के लिए लेखक सिर्फ वही नहीं था जो उनकी पार्टी या विचारधारा का हो। लेखन और साहित्य की परख वे उसकी ही कसौटी पर करते थे। उसी समारोह में मेरी कहानी 'फांस' का नाट्यरूपान्तरण प्रस्तुत किया गया था। भीष्म जी मुग्ध होकर देखते रहे थे और बहुत बाद में साहित्य अकादेमी के लिए जब वे हिन्दी कहानी संग्रह सम्पादित कर रहे थे तो उन्होंने 'फांस' को ही संग्रह में रखा।

उन्हें कभी उद्वेलित नहीं देखा। आदरणीया भाभी जी कभी थोड़ा सूखी-सूखी, रूखी औपचारिक मिलती थीं पर भीष्म जी हमेशा मृदुल, स्नेही। उन्हें देखकर लगता ही नहीं था कि उनके भीतर कोई तूफान कोई दावानल...या कि कोई उधेड़ बुनें हो सकती हैं...और वाकई जिसने मैयादास माड़ी की ध्वस्त होती संस्कृति, विभाजन का तांडव, शरणार्थियों की असुरक्षा...यह सब देखा हो उसके लिए छोटे-मोटे झंझावात क्या मायने रखते थे। अपनी उधेड़बुनों को बढ़ाचढ़ा कर देखने वाला मैं अकसर उनके सामने स्वयं को बच्चा महसूस करता। जब वे शिमला इन्स्टीट्यूट में थे तो शिमला के केशव और मैं उनके यहाँ कौटेज में शाम को पहुँचे। हिन्दी साहित्य पर बातें हो रही थीं। हमारा मन हुआ थोड़ी-थोड़ी रम लेने का, भीष्म जी सहर्ष तैयार हो गये...और रम के साथ हम बातें करते रहे—दो-तीन घंटे, केशव ने उसे रिकॉर्ड भी किया, शायद छपाया भी है। तब भीष्म जी ने इस बात को साफ किया कि साहित्य किसी विचारधारा को साहित्य का जामा पहना कर लोगों तक पहुँचाने के लिए नहीं है, उसके लिए अलग मशीनरी है। साहित्य का सरोकार तो मनुष्य के दुःखदर्द से है—हर तरह के दुःखदर्द! साहित्य का केन्द्र मनुष्य है। वे इस बात के भी कायल थे कि हर लेखक अपने अनुभवों के अनुसार लिखेगा...और विविधता किसी भाषा के साहित्य की सम्पन्नता है। आम वामपन्थी की तरह वे निर्मल वर्मा के आलोचक नहीं थे, कहते थे, निर्मल में जो सूक्ष्म भावनाओं की पकड़ है वह उन्हें अच्छी लगती है।

भाभी जी के देहान्त के बाद वे भीतर से टूट गये थे। मैंने यह जैनेन्द्र जी और अमृतलाल नागर के साथ भी देखा। भीष्म जी का वह पत्र जिसमें भाभी जी के देहान्त की सूचना थी, उसकी भाषा से झलकता था। उसके बाद जैनेन्द्र और नागर जी की तरह वे भीतर से तो स्वस्थ नहीं रहे। जब वे ईस्ट पटेल नगर का मकान छोड़ अपनी बेटी के पास सुजानसिंह पार्क आ गये तब मैं अपनी पत्नी के साथ उनसे मिलने गया था। मेरी पत्नी को देखकर उन्हें भाभी जी की याद आ रही थी, वे तो हर जगह उन्हीं के साथ जाते थे। मेरे लिए वही पुराना स्नेह, मेरी खातिर 'अक्षरा' के लिए उन्होंने 'बुढ़ऊ की डायरी' लिख भेजी। उनसे अन्तिम मुलाकात दिल्ली पुस्तक मेले में राजकमल प्रकोष्ठ में हुई। मुझे अपने पास बुला लिया, जमीन पर बिछे गद्दे पर हम सटे-सटे बैठे बातें करते रहे।

उनका मेरे कन्धे को कसने की कोशिश करना, गद्दे पर फैली जाँघ को थपथपाना...आँखों से झरझर बहता स्नेह, चेहरे पर मिठास ही मिठास। स्वास्थ्य का पूछा तो सब अच्छा है। कोई शिकायत नहीं जीवन से; ऐसा तरह-तरह से कहते थे...पर बहुत भीतर टीसती एक शिकायत तो थी—पत्नी के जाने की। उसके बाद जीवन वह नहीं रहा था।

पीपल के पत्तों में बजती हवा : वीरेन्द्र मिश्र

जाड़े की रात। झाँसी : मानिकपुर लाइन पर कोई स्टेशन। रेल के एक ही डिब्बे में फदर फदर चढ़ते आठ-दस लड़के...किशोर, दसवीं-बारहवीं में पढ़ते।

एक बहुत ही सुन्दर लड़की पूरी बर्थ पर लेटी हुई थी, रजाई-कम्बल में लिपटी। सिर्फ चेहरा बाहर था...उजला-उजला। उससे उठता आलोक पूरे डिब्बे, डिब्बे के बाहर अँधेरे में भी फैल रहा था। पैरों की तरफ बैठी माँ...कुछ सिकुड़ी हुई, अपनी ही जायी सुन्दरता से थोड़ा सहमी-सी।

डिब्बे में हम सब आसपास, चारों तरफ फैल गये—कोई लड़की के सामने, कोई पैरों की तरफ, कोई सिरहाने। मैं चेहरे के एकदम बगल में था...एक हाथ बिस्तर के उसी हिस्से पर टिकाये जिस पर वह सुन्दर चेहरा था। उसके एकदम पास होने का मन करता था। हाथ धीरे-धीरे चेहरे की तरफ खिसकता, फिर डर से वापस खिंच आता। दीपशिखा के इतने पास। मन में तरंगित हो रही थीं वीरेन्द्र मिश्र की पंक्तियाँ जिन्हें पिछली रात ही कवि सम्मेलन में सुना था :

"गगन से धरा पर सुबह छन रही है
किरन डोर खींचे बिना तन रही है"

लड़की तो माध्यम मात्र थी, चेहरा ही चेहरा था वहाँ... प्रभा-स्रोत, जिससे निकलकर एक उदात्त शान्ति हम सब के मन पर चाँदनी-सी बिछ गयी थी।

आज कोई तीस बरस बाद भी उस चाँदनी की सिरहन को मैं छू लेता हूँ। चेहरे का आकार याद नहीं आता पर कान्ति मन में फिर-फिर सज उठती है, जैसे उन कवि सम्मेलनों का सत्त्व था वह जो मेरे साथ यहाँ तक चला आया है।

याद नहीं कि उस बार कवि सम्मेलन सुनने हम अतर्रा गये थे या कर्वी। बाँदा में जो होते थे, उनकी तो कोई बात ही नहीं, हम दूर-दूर जाते थे...सिर्फ कवि सम्मेलन के लिए। जाड़े की पूरी रात। सवेरे तीन-चार बजे तक ठण्डी दरी पर जमे रहते। गीत-रस बरसता रहता—वीरेन्द्र मिश्र की 'अधूरे प्रणय का कथानक न गाना', रमानाथ अवस्थी भी 'चन्द्रमा की चाँदनी से भी नरम और रवि के भाल से ज्यादा गरम, है नहीं कुछ और केवल प्यार है...,' नीरज की...जब सूना-सूना तुम्हें लगे जीवन

अपना...' और भी न जाने कितनी पंक्तियाँ हमें झुलाती रहतीं।

वह सन् पचपन की बात थी।, 82 में बम्बई आने पर मैंने वीरेन्द्र मिश्र जी को ढूँढ़ निकाला और फोन पर ही जब उन्हें उनकी पंक्तियाँ उनकी लय में सुनायीं तो वे अचरज में पड़े। मुझे गीत के गीत तब के कंठस्थ थे जब मैं पन्द्रह-सोलह का रहा हूँगा। मजे की बात यह कि उस कच्ची उम्र में भी दीवानापन कवि या वीरेन्द्र मिश्र के लिए नहीं, इस या उस गीत के लिए था। बम्बई में जब वीरेन्द्र जी से सम्पर्क हुआ तो वे भी मेरे कथाकार से परिचित थे। वे अब भी हँसकर रह जाते हैं जब-जब मैं साग्रह उनसे कहता हूँ कि मुझे भाषा और साहित्य के अपने पहले जीवन्त संस्कार कवि सम्मेलनों में सुने उन गीतों से मिले। वीरेन्द्र जी से आज भी साहित्यकार के रूप में नहीं, श्रोता के रूप में ही मिलना अच्छा लगता है, जो उनका था और आज भी है।

वे कवि सम्मेलन...बच्चन, श्यामनारायण पाण्डेय, शम्भुनाथ सिंह, रमानाथ अवस्थी, वीरेन्द्र मिश्र, नीरज, दुष्यन्त कुमार (तब वे नाम के आगे परदेशी लगाते थे) ...और भी न जाने कितनों को सुनने का मौका मिलता रहा था। दुर्भाग्य से कवि सम्मेलनों का वह स्तर वैसी परम्परा आने वाले सालों में न रही। वे कवि सम्मेलन साहित्य और साधारण जन के बीच सेतु थे और मामूली रचनाओं के बीच भी साहित्य हुआ करता था वहाँ। कुछ शिक्षा में गिरावट आयी तो वे श्रोता रहे। कुछ व्यावसायिकता बढ़ी तो उन कवि सम्मेलनों के आयोजक ठेकेदार हो गये और कुछ हमारे विचाराक्रान्त, विशिष्टताक्रान्त कवियों ने भी कवि सम्मेलनों को हेय-दृष्टि से देखना शुरू कर दिया। इन विशिष्ट कवियों से अलबत्ता यह पूछने का मन करता है कि क्या विचार ही कविता होता है? गेयता को तुमने भले ही बाहरी तत्त्व मानकर बर्खास्त कर दिया पर जो रस था वह भी तो तुमने निकाल फेंका। रस का आस्वाद कवि सम्मेलनों में होता था, तुम सामने देख सकते थे कि वह बाँधता है, कितना बाँधता है। यह माना कि कविसम्मेलनों में कवि तक उठना हमेशा ही नहीं होता था पर वह तो तुम्हारी विचार-कविता की भी समस्या है...और रस तक कब-कब उठ पाते हो तुम? अब हमारे पास एक तरफ तो विचारवान् (!) कविता है जो ज्यादातर अपनी ही व्यक्तिगत ऊहोपोहों में डुबोती-उतराती हमें सूखा छोड़ देती है, या वह बगावती कविता जो किसी फैक्टरी के पैदा हुए माल की तरह एक-सी बिछी दिखती है (इरादों में जो व्यवस्था पर गरजती है पर जैसे सिर्फ अखबार की कतरनें चस्पां करती हुई)...और दूसरी तरफ कवि सम्मेलन हैं जहाँ अब कविता नहीं, गीत नहीं, स्वर भी नहीं...टेढ़े-मेढ़े घूमते थूथन होते हैं। साहित्य...इधर-उधर बहुत गोता लगाओ तब कहीं हाथ आता है।

मैं वीरेन्द्र मिश्र तक उनके गीतों के रास्ते से पहुँचा। इन तमाम वर्षों उनकी पंक्तियाँ मुझे आह्लादित करती रही हैं। कभी-कभी सोचता हूँ, यह सुख जहाँ हम कुछ

पंक्तियों पर दिनोदिन झूलते हैं...यह कितना बड़ा सुख है। बड़े साहित्य तक उठ पाना तो खैर बहुत बड़ी बात होती है और, हम सभी साहित्यकार आजीवन उसके प्रयत्न में लगे रहते हैं पर बड़ी बात को बड़ी सरल जुबान में कह डालना...यह या तो कवि को अपने विकास की चरमावस्था में आता है या फिर कवि सम्मेलनीय अभ्यास से। वीरेन्द्र मिश्र के यहाँ यह खूबी दोनों ही रास्तों से पहुँचती है :

'जितने चुपचाप दीखते हैं हम, उतने हम हैं नहीं।'

बम्बई में वीरेन्द्र मिश्र मेरे लिए निश्चित ही वे नहीं थे जो उस रात रेल में चलते उस लड़के के लिए रहे होंगे। अब वे बन्धुवर वीरेन्द्र मिश्र थे...लेकिन मैंने देखा कि उनका व्यक्तित्व बिलकुल उनकी कविता जैसा ही था—संगीत की तरह नाद उठाता, झरने की तरह कल-कल बहता...जैसे पीपल के पत्तों के बीच हवा गुजर रही हो, आप उसका बजना सुन रहे हों। वीरेन्द्र मिश्र में हम साफ देख सकते हैं कि प्रकृति कैसे एक व्यक्ति के माध्यम से कविता की निर्झरी बहाती चली जाती है। साहित्य और साहित्यकार में यह एका...इसी से यह सम्भव होता है कि वीरेन्द्र मिश्र में हमें निरन्तर उठान, विकास, विविधता के दर्शन होते हैं, गीत की विधागत सीमाओं के बावजूद। यही साहित्यकार की प्राप्ति है...और क्या।

यह प्राप्ति इतनी उदात्त, तोषप्रद और गरिमामयी होती है कि इसके आगे फिर कुछ नहीं ठहरता। बम्बई की चकाचौंध भी वीरेन्द्र मिश्र को नहीं लपेट पाती। कवि अपने छोटे से घर में बैठा गीतों के छोटे-छोटे दिये जलाने में व्यस्त है...दिये जो उठते तो उसके छोटे एकान्त से हैं पर जिनकी लौ लपकती है अनन्त की विराट्ता की ओर...

भारतीय संस्कृति का सान्निध्य : विष्णुकान्त शास्त्री

83 में कलकत्ता में हुए कथा समारोह के बाद हम एक हफ्ते के लिए अनामिका द्वारा आयोजित नाट्यशिविर में रुके थे। नाटक परिसंवाद के अन्तरालों में मैं देखता कि एक लम्बे, छरहरे, गोरे व्यक्ति को घेरे लोग खड़े हैं; ध्यान से, करीब-करीब डूबे हुए, मुग्ध भाव से उसे सुन रहे हैं। घेरे में मैं भी शामिल हुआ तो देखा कि वह जीवन की, साहित्य की, संस्कृति की, दर्शन की बातें करता था, लम्बे-लम्बे उद्धरण, श्लोक, खासतौर से कविताएँ निर्झरिणी को तरह मुँह से बहते चले आते। बोलने में बला की मिठास कि श्रोता बँधते चले जायें। गजब की याददाश्त...बड़े-बड़े उद्धरण यों झरते चले आते जैसे पढ़ रहा हो...

यह विष्णुकान्त शास्त्री थे...प्राचार्य। लगा कि प्राचार्य को ऐसा ही होना चाहिए, महीन-सी इच्छा जागी कि काश मैं उनका विद्यार्थी होता...लेकिन मेरी क्लास रूम से छुट्टी सालों पहले हो चुकी थी और विष्णुकान्त जी भी अपने कैरियर के अन्तिम पड़ाव पर थे...समय की सुई को न उलटा चलाया जा सकता है, न ही अपनी सुविधा के लिए बिठाया जा सकता है। पर वैसी एक स्थिति बनी क्लासरूम की नहीं तो ट्यूटोरियल जैसी तो जरूर। अज्ञेय जी ने बरगी नगर में लेखक शिविर का आयोजन किया था और मैं अपनी अप्रकाशित कहानी 'पगला बाबा' पढ़ रहा था...घेरे में बैठे पन्द्रह-पच्चीस प्रबुद्ध जन जिसमें विष्णुकान्त शास्त्री भी थे। कहानी पाठ के बाद एक अजीब तरह का सन्नाटा बिछ गया वहाँ..., पता नहीं कितना कहानी की वजह से, कितना उसके विषय के कारण...जो मृत्यु और कर्म के इर्द-गिर्द था। अज्ञेय जी हर रचना पाठ के बाद बहस चाहा करते थे, इसलिए वे इधर-उधर लोगों को बोलने के लिए उकसा रहे थे...लेकिन कोई आगे न आ रहा था, स्वयं अज्ञेय जी भी बहस की शुरुआत न कर सके। आखिर डॉ. रामस्वरूप चतुर्वेदी ने कहा...' इस मौन को कहानी का अभिनन्दन मान लिया जाये।' दूसरे कार्यक्रम पर जाने के पहले विष्णुकान्त जी ने मुझसे कहा—काशी और शिव जी का सन्दर्भ है तो एक स्थान पर जहाँ 'स्वर्ग' आया है, वहाँ 'मुक्ति' कर लें। आलोचना के पीछे कैसा सद्भाव, रचना के लिए प्रीतिभाव! विष्णुकान्त जी की आलोचना—मौखिक या लिखित...उनके संस्मरणों में उनके व्यक्तित्व का यह पक्ष बराबर देखने को मिलता है।

नर्मदा पास में ही थी। बाँदा में बचपन के दिनों हर सुबह केन नदी नहाने जाया करता था तो यों ही विष्णु जी के सामने प्रस्ताव कर बैठा कि कल सवेरे नदी स्नान को चलें। औरों ने भी सुना लेकिन सवेरे सिर्फ विष्णु जी और मैं नर्मदा की तरफ जा रहे थे, बरगी बाँध के बाद फूटती धारा की तरफ का रास्ता पकड़े हुए पैदल। इधर-उधर की बातचीत। मैंने गौर किया कि जब कभी मैं परनिन्दा रस में उतरता, विष्णु जी ऊपर-ऊपर से उड़ जाते बात का कोई सकारात्मक पहलू उठा लेते या बात बदल देते।

क्योंकि वह बाँध की छूटी धारा थी इसलिए गहराई कम बहाव ज्यादा था। उगते सूरज की पीली-पीली किरणों में नहाती लहरें...कल कल मेरी तरफ आती हुई, जहाँ पानी में मैं बैठा था। लहरें का एक-पर-एक मेरी तरफ को दौड़ना, पीछे किरणें...एक पल को मुझे लगा जैसे नर्मदा जी ही सामने थीं, मेरी तरफ आशीर्वाद और करुणा की असंख्य धाराएँ छोड़ती हुई। बाहर-भीतर सिहर उठा, मन भी आया...पर वह अहसास मेरा चेतना में बहुत देर ठहरा नहीं, जितनी जल्दी आया था उतनी ही जल्दी चला गया। मैं फिर कभी उस तरह उसे अपने भीतर अपने रोयों में महसूस नहीं कर सका...हाँ उसकी याद आज तक है।

किनारे से थोड़ा इधर पानी में ही बैठे हुए, पूर्वाभिमुख, विष्णु जी आँखें बन्द किये पूजा कर रहे थे...सम्भवतः नर्मदा जी की पूजा, होंठ मन्त्रोच्चार से ऊपर-नीचे होते हुए। कुछ समय पहले पूजा के लिए वे मुझसे अलग हो गये थे, अपने लिए एकान्त बना लिया था। अजीब बात कि पूजा उन्होंने की थी और नर्मदा के दर्शन मुझे हुए। नदियों में नहान कितनी बार हुआ, अकेले और कितन-कितने लोगों के साथ लेकिन वह अनुभूति न पहले कभी हुई थी, न बाद में। श्रेय विष्णु जी के साथ को ही जाता है, क्या पता उन क्षणों उन्होंने मेरे लिए प्रार्थना की हो।

उस अनुभूति को फिर पाने में असफल मैंने विष्णु जी की तरफ देखा। शरीर का अधोभाग जल में निमग्न, ऊपर जनेऊ, चुटिया...आँखें बन्द...सूर्य की किरणों से दीप मुख, श्वास एक तरफ से भीतर, दूसरी तरफ से बाहर करते हुए...उस प्राकृतिक परिदृश्य का अविभाज्य अंग। जैसे हमारे देश में यह दृश्य सतत है...ऋषि अनिवार्यतः वहाँ है जैसे पर्वत, नदी, वृक्ष, प्रकृति की शक्तियों की पूजा करता हुआ।

विष्णुकान्त जी से तब मुझे ईर्ष्या हुई थी। जिस विलक्षण अनुभूति को मैं एक क्षण को पाकर खो बैठा...वह, वैसी कितनी अनुभूतियाँ इनके भीतर बैठी रहती होंगी। बाद के दिनों में मैंने जितना उन्हें जाना समझा तो यह धारणा ही पुष्ट हुई कि वे जीवन से कितना एकरस हैं, 'ईशावास्यमिदम सर्वम' में उन्होंने अपने स्थान को भी पहचान लिया है। वे वहाँ हैं...जैसे काल प्रवाह में बहते हुए भी अपने को किस स्वाभाविक ढंग से ढालते चलते हैं। निश्चित यह सब भारतीय संस्कृति को आत्मसात करके ही हो सका, लेकिन बहुत लोग भारतीय संस्कृति को विष्णुकान्त

शास्त्री से भी अधिक समझते होंगे...पर उसे अपने जीवन-यापन में, अपनी दिनचर्या में यों उतार लेना...कि अगर आप किसी से कह बैठें कि मैं आपका परिचय कराता हूँ भारतीय संस्कृति से...तो मिलवा दीजिए उसे विष्णुकान्त जी से। वह चलती-फिरती भारतीय संस्कृति देख लेगा।

उन्हें दिल्ली के राजेन्द्र प्रसाद मार्ग स्थित भा.ज.पा. के कार्यालय में ठहरे देखा—कई लोगों द्वारा इस्तेमाल किये जा रहे स्नानगृह से निकलते एवं साधारण तौलिया से बाल मुँह पोंछते हुए, मैले से कपड़ों में या लखनऊ के राजनिवास में कलफदार उज्ज्वल कपड़ों में लिफ्ट के पास खड़े, फूलों का गुलदता देकर आपका स्वागत करते हुए...दोनों ही स्थितियों में मुखमुद्रा एक। राज्यपाल होने के पहले, होने पर, न रहने के बाद सभी में एक से। जैसे मुझ जैसों की तरह वे सिर्फ पढ़ते नहीं, जीते हैं गीता को :

"यो न हृष्यति, न द्वेष्टि
न शोचति, न कांक्षति।
शुभाशुभ परित्यागी
भक्तिमान्यः स मे प्रियः॥"

पत्नी के बिछोह का विषाद तक उनके मुख पर कभी नहीं देखा। लखनऊ में उन्होंने गिरिराज किशोर और मुझे दोपहर के भोजन पर राजभवन में बुलाया। भोजन के पहले उस दौरान और बाद में भी हम उनकी पार्टी की आलोचना करते रहे, वे खुले दिमाग से सुनते रहे। खाने के बाद जब हम बाहर आये तो मैंने गिरिराज से कहा—'यार हम साहित्यकारों की बिरादरी अजीब है, जो हमें खाने पर बुलाता है, उसका खाना खाते हैं और उसी को उसी वक्त गरया भी आते हैं...' गिरिराज ने कहा, 'राजनेताओं को भी हम जैसे लोगों से मिलने की प्यास रहती होगी, उन्हें तो चापलूस ही घेरे रहते हैं...'

पर हम दोनों ही जानते और मानते थे कि विष्णु जी उस मायने में राजनेता नहीं है। कर्मयोगी की तरह उन्होंने राजनीति ओढ़ ली...पर उसे अपने व्यक्तित्व, अपने जीवन की राह को कभी नहीं रँगने दिया।

सवाल उठ सकता है कि कोई व्यक्ति अपने निजी जीवन में भले ही बहुत शुद्ध या पवित्र रहा हो, उसकी अपनी आध्यात्मिक, आत्मिक ऊँचाइयाँ भी हों...समाज को उससे क्या मिला, विशेषकर तब जब वह राजनीति में भी था, उसे समाज को कुछ देने का अवसर था। इत्तफाक से इस बात का उत्तर भी लखनऊ के उसी दिन मिल गया, जब हमने विष्णु जी के साथ खाना खाया था।

शाम को साहित्यकार श्री वल्लभ सिद्धार्थ का सम्मान विष्णुकान्त शास्त्री जी को करना था, समारोह की अध्यक्षता मुझे करनी थी। वल्लभ सिद्धार्थ अपने अटपटे

व्यक्तित्व के लिए विख्यात हैं, कम साहित्यकार होंगे जिनसे वे लड़ न चुके हों। समारोह के दौरान मैंने उन्हें विष्णुकान्त शास्त्री के पैर छूते देखा। मुझे इसी लखनऊ में अपने लेखकीय जीवन के शुरू के दिनों की एक घटना याद आ गयी। नब्बे वर्षीय स्व. श्रीनारायण चतुर्वेदी को उत्तर प्रदेश हिन्दी संस्थान के कई पुरस्कार देने थे, उनकी जिद थी कि वे हर साहित्यकार के पास जाकर उनका बाकायदे टीका कर अक्षत रोली लगी शॉल को ठीक से उढ़ाकर सम्मानित करेंगे। इसमें वे थक थक जाते थे, सुस्ताते फिर चल पड़ते। हम नौजवान लोगों ने आग्रह किया कि हम आपके पास आकर पुरस्कार ले लेंगे। वे नहीं माने...थकते-सुस्ताते उन्होंने कार्यक्रम पूरा कर दिया। थोड़ी देर में आलम यह हो गया था कि जिनका वे सम्मान कर रहे थे, वे लोग उनके पैर छूते थे। निर्मल वर्मा भी...जिन्हें पैर छूना नहीं आता था। मैं बुन्देलखण्ड का था, पैर छूना बचपन में ही सिखा दिया गया था, मैंने उनके पैर तीन बार छुए, धूल माथे पर लगायी क्या था वह? श्रीनारायण जी का व्यक्तित्व? वह तो पूरा देखने का अवसर ही नहीं मिला था। एक छोटी-सी चीज़ ही भारतीय संस्कृति की—विनम्रता, साहित्यकार जो निःस्वार्थी हैं उनका सम्मान, अपना अहं ताख में रखकर। जब भी भारत संस्कृति का ऐसा कोई मूल तत्त्व साकार रूप में हमारे सामने से गुजरता है, हमारे भीतर का भी श्रेष्ठ उभरता है...यह किस समाज-सेवा से कम है।

विष्णुकान्त शास्त्री के सान्निध्य में होना, भारतीय संस्कृति के सान्निध्य में होना है।

निर्मल वर्मा की उपस्थिति

उस मुकाम पर जब आपसे उम्र में थोड़ा बड़े एक-एक करके पृथ्वीपटल से टपकते चले जा रहे हों, आप इस सिलसिले में थोड़ा-बहुत आदी भी हो चले हों...जैसे समुद्र तट पर हर जाती लहर के साथ पैरों तले से गीली रेत के सरकने के...तब निर्मल वर्मा का जाना...

'श्रुति' (राष्ट्रीय नाट्य विद्यालय) के अन्तर्गत रचनापाठ के लिए दिल्ली गया था—अगस्त, 2005 अन्तिम सप्ताह। बलवती इच्छा हुई, उन्हें देखने की। वे हस्पताल से कुछ समय पहले ही लौटे थे। उनके घर गया। उनका शरीर आधा रह गया था...गोरा-गोरा, बबुआ जैसा...चाहो तो हथेली पर उठा लो...प्यारे लग रहे थे। सिर और आँखें...वही, चेहरे पर मन्दस्मित जो खिल उठती थी मिलने पर, खास तौर से तब जब आप उनसे मिलने उनके घर गये हों और वह भी सपत्नीक। ऐसा लगता था कि भारतीय पत्नियाँ उन्हें खास पसन्द थीं, एक वह साथ जो उन्हें जीवन में कम मिला...इसलिए उसके दूसरे पक्ष को उन्होंने ठीक से जाना नहीं, एक मोह-सा बना रहा।

वैसे ठीक-ठीक कहा नहीं जा सकता...कुछ भी उनके जीवन या जैसे वे इसे लेते थे, उसके बारे में। 70 के आसपास से जब कनॉटप्लेस में मेरे दूसरे कहानी संग्रह 'अन्तःपुर' पर गोष्ठी में वे बोले थे...राजेन्द्र यादव, रवीन्द्रनाथ त्यागी आदि भी थे...उनसे सम्बन्ध बढ़ता गया था। तब से कितनी गोष्ठियाँ और उससे भी आगे दिल्ली के वैस्टर्न एक्सटेंशन एरिया की वह छत जहाँ ऊपर की कोठरी में वे रहते पढ़ते थे...जिनकी सीढ़ियाँ मैंने कितनी बार चढ़ी होंगी...उस छोटे कमरे में अस्त-व्यस्त किताबें, जमीन पर ही रखे हमारे गिलास...और बीड़ी सुलगाते निर्मल जी। दिल्ली के जाड़ों की रातों में सफारीकट कोट, ऊपर मोटा मफलर में कभी मेरे यहाँ, कभी शीला सन्धू के यहाँ, कभी कहीं और पहुँचते निर्मल जी। जिसे सचमुच अभाव कहते हैं, वह नहीं पर आवांगर्द स्टाइल...जो बहुत कुछ बिना घर के घूमते-घामते, चिलम खींचते हमारे बाबाओं की जीवन शैली से मेल खाती है। उन बैठकों में कितनी चीज़ों पर कितनी बातें...(एक बार तो रात तीन बजे तक...रामू गाँधी, कृष्णा जी, उषा प्रियंवदा भी थीं...जहाँ तक याद पड़ता है—समाज, जीवन, प्रेम, साहित्य...सभी पर

बातें...बहस किस्म की नहीं...सब टटोलते से...एक बात कहकर रुकते हुए दूसरे की तरफ तकते हुए कि वह हमारी बात को खोल दे...कुछ आगे बढ़ा दे। वह हमारी नहीं उस रात का करिश्मा था, वैसी फिर आयी नहीं...किसी के साथ नहीं।) लेकिन 'व्यक्तिगत' पर आते ही निर्मल जी सट्ट से फिसल जाते। शायद ही कोई होगा (शायद थोड़ा-बहुत गगन हों) जो निर्मल वर्मा के व्यक्तिगत की गहराई में जानने का दावा कर सकता हो, (उनकी जीवनी लिखने वालों को सचमुच बहुत मेहनत करनी पड़ेगी) आप थोड़ा-बहुत झाँक सके वही बहुत। एक बार उसी कमरे में उनकी लिखी जा रही किसी कहानी को मैं उलटने-पलटने लगा...कि निर्मल वर्मा ने झट से उठा कागजों को मुझसे छीन लिया...ऐसे ही वे अपने जीवन को ढककर रखते थे।

मुझे तब भी वह अजीब लगा था...आज भी लगता है। किसी अधलिखी रचना के बारे में कहा जा सकता है कि रचनाकार उस पर बात कर जैसे वह चली आ रही है, उसके उस रूप को प्रभावित नहीं करना चाहता, जैसे वह भीतर उमड़-घुमड़ रही है उसे विरूपित नहीं करना चाहता...पर जीवन...उसे क्या छिपाना? उसके इस पक्ष या उस पक्ष पर बात करके, आत्मालोचना करके, ज्यादा पारदर्शी होकर क्या हम अपने विगत का सही आकलन और भावों की बेहतर तैयारी नहीं करते? कहीं ऐसा तो नहीं कि हमारी जो छवि गढ़ी जा रही है, जिसे गढ़ने में हमारा भी योगदान होता है हम उसके इधर-उधर कहीं से भी विरूपित हो जाने के प्रति बहुत सचेत होते हैं।

पता नहीं...मुझे तो बस वहीं तक तक परवाह होती है जहां तक हमारी बात किसी अन्य किसी व्यक्ति का नुकसान न कर बैठे...अपने जीवन का क्या, किससे छिपाना...कौन माई का लाल ताल ठोंक कर कह सकता है कि वह इतना प्रतिभाशाली था कि शुरू से आखिर तक सफल ही बना रहा, इतना गुणवान था कि...। इस मायने में मुझे उर्दू शायरों या रवीन्द्रनाथ त्यागी जैसे हिंदी व्यंग्यकारों का खुद का मजाक बनाने वाला अंदाज भाता है।

शायद निर्मल वर्मा के बारे में अपनी छवि का खयाल करने वाली बात भी सही न हो...पर मुझे उनसे यह शिकायत बराबर रहती थी कि वे चौबीसों घंटे लेखक बने रहते हैं, क्यों कभी जीवन की दीगर चीजों में एक साधारण आदमी की तरह नहीं पैठते? हो सकता है यह भी मेरा अपना दुराग्रह हो जो जीवन जीने को साहित्य रचने-पढ़ने से हमेशा ज्यादा वरीयता देता है—यहाँ तक कि आवारागर्दी को भी एक मूल्य मानकर खासा वक्त बरबाद करता है। निर्मल वर्मा शायद यह सोचते हों कि चूँकि हम अपने साथ तो बराबर रहते ही हैं, बाहर से अगर कोई आया है तो क्यों न उस दौरान अपने से बाहर की हवा लें, बाहर का जीवन देखें...क्यों उससे भी अपनी-अपनी ही बातें करते बैठे रहे...पर इससे उनके लेखन पर एक प्रभाव तो पड़ा—अगर दूसरों के साथ अपने व्यक्तिगत की हिस्सेदारी से इतना परहेज न किया

जाता तो शायद उनके सर्जनात्मक साहित्य में 'प्राइवेट' इतना अधिक न आया होता...पर जीवन और सृजन में इस तरह की चीजें देखी गयी हैं...जैसे कि प्रेमचन्द जिन्होंने स्वतन्त्रता आन्दोलन में कभी भाग नहीं लिया उनकी रचनाओं में आन्दोलन का परिवेश बार-बार आता है, जैनेन्द्र कुमार जो आन्दोलन में सक्रिय थे, जेल भी गये...उनकी रचनाओं में यह परिवेश कम है। निर्मल वर्मा के साहित्य में 'प्राइवेट' जो इतनी अन्तरंगता और कोमलता से आता है, तो वह इसलिए कि जीवन में वे इसे बहुत सहेज कर रखते थे।

जीवन में जो तमाम तरह के अनुभव आते हैं...उनमें किस अनुभव को लेखक किस अन्दाज में उठाता है उससे ही तो एक अनुभव विशिष्ट यानी कि रचनात्मक अनुभव बनता है...इसे उठाने के लिए लेखक को खास भाषा की तलाश करनी होती है। अच्छे लेखक की पहचान यह होती है कि वह अनुभव की एक विशिष्टता को उठाने और सम्प्रेषित करने वाली भाषा ढूँढ़ने में कामयाब होता है। निर्मल वर्मा इस बात के बढ़िया उदाहरण हैं...उनकी भाषा की नकल अगर नहीं की जा सकती तो इसलिए कि अनुभव की जिस विशिष्टता पर उनकी नजर ठहरती थी, वह किसी अन्य लेखक के लिए उतना विशिष्ट नहीं होता। कभी-कभी भाषा की तलाश में लेखक का संघर्ष रचना-दर-रचना चलता है...क्योंकि अलग-अलग अनुभव, अनुभव के अलग-अलग कोणों पर उसकी नजर जाती है। जो भाषा निर्मल वर्मा की है उसके वे बादशाह हैं पर यह भी सवाल उठता है कि उनकी सभी सर्जनात्मक रचनाओं में यही भाषा क्यों रही आयी? क्या इसलिए कि यह एक लेखक की अपनी भाषा थी...या एक विशिष्ट अपितु सीमित अनुभव को ही सम्प्रेषित करने वाली भाषा थी। यहाँ शैलेश मटियानी की याद सहज ही आती है...किस तरह उनकी भाषा 'प्रेतमुक्ति' में एक, 'अर्द्धांगिनी' में दूसरी, 'इब्बू मलंग' में तीसरी और किस-किस में क्या होती चली गयी। आने वाले आलोचक शायद इस बात का विश्लेषण करेंगे। शोध का विषय यह भी हो सकता है कि वह सीमा रेखा कौन-सी है जिसके पार कोई अच्छा लेखक बड़ा बन जाता है, कोई अच्छा ही रह जाता है।

जैनेन्द्र जी की बाद की पीढ़ी के इन सशक्त कथाकारों—निर्मल वर्मा और शैलेश मटियानी के चिन्तापरक लेख उनके सर्जनात्मक लेखों से कम नहीं हैं। मेरी नजर में निर्मल वर्मा का श्रेष्ठ उनके लेखों में उतरा है तो शैलेश मटियानी का उनकी कहानियों में। दोनों पहाड़ के थे पर, उनका संघर्ष उन्हें अलग-अलग दिशाओं में ले गया जिससे उनके अनुभव-संसार पृथक-पृथक हुए। गौरतलब यह है कि दोनों ही भारतीयता को समझने की तरफ झुके और इस कारण दोनों को ही 'प्रतिक्रियावादी' कहा गया जो हमारे समकालीन लेखकीय माहौल में अ-मार्क्सवादी लेखक का हश्र है। शैलेश मटियानी किसी भी आम भारतीय लेखक की तरह उस परिवेश में बड़े हुए थे जहाँ भारतीयता रोज की जीवन-शैली में पिरोयी होती है और जिससे परिचय

बच्चे को परवरिश के दौरान ही हो जाता है। फिर भी उन्हें भारतीयता को समझने की जरूरत महसूस हुई। निर्मल वर्मा की उत्सुकता जागी जब वे कुम्भ देखने गये और उन्होंने 'दिनमान' में कुम्भ पर लम्बा लेख लिखा। शैलेश मटियानी से अधिक श्रेय उनको जाता है कि वे धारा के खिलाफ बहे—पाश्चात्य परिवेश में पके होने के बावजूद, कभी साम्यवादी रहे होने के बावजूद...वैसा ही श्रेय जो डॉ. रामविलास शर्मा को जाता है। दरअसल श्रेष्ठ इन तीनों मनीषियों को भी उतना नहीं जितना 'भारतीयता' को है...वह जो भी है...कि पनुरुत्थान के समय के मनीषियों, फिर नेहरू (डिस्कवरी ऑफ इण्डिया), गाँधी से लगाकर आज तक हर जैन्युन चिन्तक को इसे समझने की जरूरत पड़ती है। यह अन्धभक्ति नहीं है...उस वातावरण को जानने-समझने की सहज उत्सुकता है जिससे आपकी मज्जा बनी है...जैसे अपने आपको समझने जानने की स्वाभाविक कोशिश। शैलेश मटियानी को उपेक्षित किया गया, निर्मल वर्मा को नहीं किया जा सका (इसलिए भी कि वे दिल्ली में थे और उनमें दूसरे गुण थे जो शैलेश मटियानी में नहीं थे) पर लांछित उन्हें भी काफी किया गया। जो निष्पक्ष होकर भारतीयता से सम्बन्धित निर्मल वर्मा के निबन्धों को पढ़ेंगे उन्हें हर जगह निर्मल वर्मा अपनी प्रश्नाकुलता और उन लोगों की 'अथौरिटी' के साथ दिखेंगे जिनसे ऐसी अवधारणाओं के विरोध की ही अपेक्षा होती है। एक लेख 'मेरे लिए भारतीय होने का अर्थ' से ही उद्धरण पर्याप्त होंगे :

"क्या जमीन के एक टुकड़े से प्यार किया जा सकता है जिसका अपना आकाश है, समय है, अतीत है, जहाँ जीते हुए लोग ही नहीं, मृतात्माएँ भी बसती हैं? देशभक्ति, देशप्रेम...क्या ये सिर्फ थोथे शब्द हैं जिन्हें हमारे आधुनिक बुद्धिजीवी मुँह पर लाते हुए झिझकते हैं...कौन स्वतन्त्र हुआ? वे हिकारत से पूछते हैं...गरीब, अमीर, छोटे, बड़े...कौन? और यदि कोई उत्तर में कहे...मैं और तुम नहीं, बल्कि वह, जो हमारे बीच में है, हमें बाँधता हुआ शताब्दियों से हमें हम बनाता हुआ, खुद अदृश्य होते हुए भी हमें एक परिदृश्य में अंकित करता हुआ...क्या है यह? क्या इस अनाम भावना को कोई नाम दिया जा सकता है?"

और उसी लेख के अन्त में—

"यदि भारत का सभ्यता बोध और सांस्कृतिक परम्पराएँ आज भी मौजूद हैं, तो उसका मुख्य कारण वह केन्द्रीय आध्यात्मिक तत्त्व है, जिसमें इतनी क्षमता और ऊर्जा थी कि इतिहास के निर्मम थपेड़ों के बावजूद वह समस्त प्रभावों को अपने भीतर समाहित कर सका। अंग्रेजी मार्क्सवादी इतिहासकार ई.पी.टाप्सन के शब्दों में : 'भारत सिर्फ महत्त्वपूर्ण नहीं, दुनिया का शायद सबसे महत्त्वपूर्ण देश है, जिस पर सारी दुनिया का भविष्य निर्भर करता है। भारतीय समाज में दुनिया के विभिन्न दिशाओं से आते प्रभाव एक दूसरे के साथ मिलते हैं पूर्व या पश्चिम का ऐसा कोई विचार नहीं, जो भारतीय मनीषा में क्रियाशील न हो। टाप्सन के इन शब्दों को पढ़ते

हुए मैं सोचने लगा कि भारत में कितने मार्क्सवादी हैं जिनमें अपने देश के प्रति इस तरह के उद्‌गार प्रकट करने की ईमानदारी और विनम्रता हो।”

निर्मल वर्मा के सन्दर्भ में यह जरूर मानना होगा कि भारतीयता को समझने की उनकी दृष्टि आधुनिक भले रही हो...पर वह मोहाविष्ट थी क्योंकि भारतीयता उन्हें बचपन या परवरिश से खून में घुली हुई, स्वाभाविकता से उनका अंग बनी हुई नहीं मिली थी। आभिजात्य और पश्चिमी साहित्य के अध्ययन से जो दीवारें उनके जीवन में खड़ी हो गयी थीं...उन्हें फाँदकर वे भारतीय तक पहुँचे...इसलिए बहुत-सी वे चीजें जिन्हें आम भारतीय अपने जीवन का हिस्सा इतनी स्वाभाविकता से माने होता है कि उनके अपने भीतर होने का आभास नहीं होता...निर्मल वर्मा उन चीजों पर गहरी नजर जरूरत से ज्यादा डालते हैं। इसलिए अकसर वे भारतीयता के नकारात्मक पक्षों को या तो देखते नहीं या उन पर नर्मी से पेश आते हैं। जैसे जब वे पुराने जमाने के घरों में ठाकुर द्वारा (ठाकुर के लिए बनाये कोने) का जिक्र करते हैं तो मुग्धभाव से उनके मन में यह आता है कि यह वह कोना होता था जहाँ “ठाकुर जी के सामने जाकर हमारी माँ या दादी कुछ क्षणों के लिए मुक्ति पा लेती थीं।” अगर उन्होंने बचपन से ही भारतीय स्त्रियों को अकसर बड़े मशीनी ढंग से रिचुअल्स से गुजरते देखा होता तो शायद उनके मन में ऐसा मोह न उगता। यही कारण है कि उपन्यास कहानियों में जब वे शहर, आभिजात्य, अकेलेपन, एकान्त, वैयक्तिकता या जीने की विशुद्ध त्रासदी...ऐसी चीज़ों पर होते हैं उनमें अनोखा कलात्मक संयम होता है, वे बहुत प्रभावशाली होते हैं...लेकिन जहाँ वे आम भारतीय परिवेश पर आये...मोह उस संयम को स्खलित कर देता है। ‘अन्तिम अरण्य’ में पिण्ड-प्रसंग का अनावश्यक विस्तार बरबस याद आता है। गौरतलब है कि भारतीयता पर लेखों/भाषणों में इतना लिखने और बोलने के बावजूद उनकी सर्जनात्मक रचनाओं में विशुद्ध भारतीय परिवेश कम ही आता है। आलोचकों का कहना कि वे वैयक्तिकता और अकेलेपन के चितेरे हैं...गलत नहीं हैं पर मैं उसे आलोचना की तरह नहीं कहूँगा। लेखक से हर तरह की रचना की अपेक्षा नहीं की जा सकती.. .क्या प्रेमचन्द से यह शिकायत की जा सकती है कि सही अर्थों में प्रेम में क्यों नहीं जा सके वे? हमें फोकस उस वृत्त पर करना चाहिए जो उस लेखक की संवेदनात्मक बुनावट का केन्द्रीय वृत्त है।

शैलेश मटियानी के देहान्त के बाद मुझमें एक खालीपन घर कर गया था, लिखना व्यर्थ लगने लगा था...वह निर्मल वर्मा के जाने के बाद गहरा गया है। एक दूसरे से एकदम फर्क इन दो में जो एक चीज समान थी...वह था साहित्य में आस्था, लेखन के प्रति समर्पण। निर्मल वर्मा में शायद ही साहित्य के बाहर किसी चीज की लालसा रही हो—राज्य-आज्यसभा, कोई पदलिप्सा...कुछ नहीं, बहुत हुआ तो पुरस्कार सम्मान...लेकिन उसे बहुत स्वाभाविक कहा जायेगा। शैलेश मटियानी में तो यह भी

नहीं थी क्योंकि वे जानते थे कि उनमें वह सब सम्भव करने की सामर्थ्य होना तो दूर की बात...वे अधिकांशतः पसन्द ही नहीं किये जाते थे...लेकिन दोनों का जीवन में साहित्य को ही सर्वोपरि मानना एक इसी बात से साबित होता है कि वे अन्त-अन्त तक सृजन में लगे रहे—शैलेश मटियानी ने भयंकर मानसिक विक्षिप्त के दौरान (बताते थे कि चौबीसों घंटे सिर घूमता रहता है, दर्द होता रहता है) 'नदिया किनारे गाँव'—लम्बी कहानी लिखी और निर्मल वर्मा की भी ताजा कहानी अभी कुछ दिनों पहले ही 'नया ज्ञानोदय' में आयी। ये लोग 'न लिखने का कारण' अपनी बीमारी में ही खोजते और दिखाते रह सकते थे। शैलेश मटियानी अटल बिहारी वाजपेयी को जब वे प्रधानमन्त्री थे पत्र लिख सकते थे कि आप कवि-अवि नहीं हैं। निर्मल वर्मा सुसभ्य थे...पर दोनों में से किसी को लालू यादव जैसी किसी की संगत में नहीं देखा जा सकता था...जैसे कि नामवरसिंह अध्यक्षता करते दिखते हैं, जहाँ मुख्य अतिथि लालू यादव किसी पुस्तक का विमोचन कर रहे हैं, राजेन्द्र यादव श्रोताओं में हैं ('कथादेश' में फोटो के साथ प्रकाशित एक रपट)। निर्मल वर्मा ने अज्ञेय की परम्परा को आगे बढ़ाते हुए अंग्रेजी समाज में हिन्दी की प्रतिष्ठा बढ़ायी...भले ही अपने माध्यम से...कि हिन्दी जगत में भी 'अन्तर्राष्ट्रीय स्तर के' 'इंटलैक्चुअल्स' हो सकते हैं, कि हिन्दी भाषा में भी मौलिक चिन्तन किया जा सकता है।

ऐसे लेखकों के लेखन के स्तर को लेकर, उनके योगदान पर मतभेद हो सकते हैं, उनके विचारों से हमारी असहमति हो सकती है...पर उनका हमारे बीच होना क्या था—यह पूरी तरह उनके जाने के बाद उजागर होता है, जब जो पीछे छूट गये और जिन्होंने उन लेखकों को नीचा दिखाने का कोई मौका हाथ से नहीं जाने दिया...उन्हें भी दिखायी देता है वह आदर जो उनकी उपस्थिति से हिन्दी जगत को मिलता था। और जिससे हम सबका लेखकीय कर्म गौरव पाता था।

परछाइयाँ...

84, रवीन्द्रनगर, मेरे घर में श्रीकान्त वर्मा, निर्मल वर्मा और उषा प्रियंवदा... बहसें...अन्तराल में कहीं उषा जी उसी दिन खरीदी अपनी काँच की चूड़ियों पर खुश होते हुए और उन्हें छूते, घुमाते निर्मल जी...

"गोविन्द तुम उस व्यक्ति को लेखक कैसे मान सकते हो जो रूस में उन दिनों था, जिसने अपने आसपास निर्दोष लोगों का कत्लेआम देखा था...पर जिसकी अन्तरात्मा पर कोई असर न हुआ..." निर्मल जी की नाराजगी...

पूर्वग्रह के उपन्यास अंक में निर्मल ने जानबूझकर मेरे उपन्यास को गिराने के लिए उससे लिखवाया है... "मैं प्रतिवाद करता हूँ—यह सम्पादक (निर्मल वर्मा) और उस लेख के लेखक दोनों के साथ आपकी ज्यादती नहीं है? मैं निर्मल जी को जानता हूँ..."

“तुम कुछ नहीं जानते...”

कैसी-कैसी बहसें...टकराहटें। आज सिर्फ परछाइयाँ...जैसे निर्मल वर्मा के उपन्यासों में पात्र इधर से उधर होते हैं। और तब अकसर लगता है कि असल वे स्थूल स्थितियाँ नहीं जिनकी वजह से तकलीफें हैं, वे पात्र नहीं जो उन तकलीफों को झेल रहे हैं...बल्कि वे तकलीफें हैं...तकलीफें भी नहीं, उस एक समय में वह जीने की तकलीफ...रह रह कर उठ बैठती, टीसती उस तकलीफ की चुभन...इधर से इसमें, उधर से उसमें!

अगर जीवन के इस भीतरतम के आसपास ही निर्मल वर्मा का लेखन घूमता था तो वह यूँ ही नहीं था। उनकी नजर असल यथार्थ पर थी।

एक स्वाभाविक गद्यकार : श्रीलाल शुक्ल

श्रीलाल जी के साथ बैठकें तो ढेरों हुई होंगी, इस वक्त कुछ खासतौर से याद आ रही हैं।

लखनऊ में उनका घर। रात खाने के पहले सुरापान...छक कर। उसके बाद मुझे गेस्ट हाउस जाना था, जहाँ मैं ठहरा था। तब श्रीलाल जी की जिद कि वे ही मुझे छोड़कर आयेंगे। उनकी मेहमाननवाजी वहाँ तक ठीक कि वे एक-दो बार कहें और मैं सुन लूँ। मैं तिपहिया पकड़कर जाना चाहता था...लेकिन देखा कि मेहमाननवाजी जिद की तरफ बढ़ी चली जा रही थी। उन्होंने अपना स्कूटर निकाल लिया और मुझे पीछे बैठने के लिए कहा। श्रीलाल जी उन दिनों साल के छह माह शराब छोड़े रहते थे, छह माह पीते थे...और इन छह माहों में सूखे महीनों की कसर निकाल लेते। मेरी बदनसीबी कि ये उनके रोज वाले महीने नहीं थे। वे उस बिन्दु पर खाने के लिए उठे थे जब जुबान लड़खड़ाने लगी थी...जो कुछ भी वे बोलते उनके होंठों पर फड़फड़ाकर रह जाता...जैसे हलकी हवा में पत्तियाँ सरसराती हों। श्रीलाल जी ने जब स्कूटर निकाला तो मैं बहुत डर गया। मैं उन दिनों कमसिन नहीं तो जवान तो था ही, बाल-बच्चों वाला भी हो गया था। मैंने अपना जीवन बीमा भी नहीं कराया था। मैंने बहुत टालमटोल...फिर अनुनय-विनय की लेकिन श्रीलाल जी जैसे हथियार निकाल मैदान में खड़े थे, युद्ध के लिए। उनकी मेहमाननवाजी जिद के आगे पहुँच अब अड़ियल बन गयी थी। वे अपनी हथेली को स्कूटर की गद्दी पर बार-बार मार रहे थे। मैं फिर भी हिचकिचाता दिखा तो उन्होंने अंग्रेजी में धमकी दी (बहुत पीने के बाद वे अंग्रेजी में आ जाते हैं यह भी मेरा तजुर्बा हो चुका था), शब्द अस्पष्ट थे लेकिन कुछ इधर-उधर से मैंने पकड़ लिए : "यू आर क्वश्चनिंग माई कंफीडैन्स। आइ हेव टु प्रूव नाउ!" हालत यहाँ तक पहुँच गयी कि अब अगर मैं चुपचाप स्कूटर पर नहीं बैठा तो श्रीलाल जी स्कूटर एक तरफ पटक मुझे एकाध झापड़ रसीद कर देंगे। (वैसे वे बहुत ही शालीन है पर कसरतिया भी रहे...मुझे याद था।) मैं इस तरह स्कूटर की पिछली सीट पर बैठा जैसे जान-बूझकर खुद को मौत के मुँह में डाल रहा हूँ। श्रीलाल जी ने सिर्फ एक बार पूछा, बैठ गये...? और एक लात मार स्कूटर स्टार्ट कर दिया। फिर दौड़ता स्कूटर, लगती हवा और श्रीलाल जी के अनवरत चलते होंठ

थे। ये क्या कह रहे थे यह समझना तो दूर मैंने सुनने की भी कोशिश करनी छोड़ दी थी। उस समय तो मेरे भीतर-बाहर सिर्फ प्रार्थना थी...प्रार्थना।

गेस्ट हाउस के गेट पर मुझ चौकस छोड़ा श्रीलाल जी ने, फरफराते हुए लौट भी गये। मैंने जब उनके घर फोन करके भाभी जी से पूछ लिया कि वे ठीक-ठाक पहुँच गये...तभी मैं सामान्य हो सका।

क्या अल्हड़ता, अक्खड़ता, मस्ती।

दूसरा दृश्य हाल ही का है। दिल्ली की शेखसराय में एक फ्लैट। भाभी जी बीमार थीं। श्रीलाल जी पीना, घूमना, पढ़ना, लिखना...सब छोड़कर उनकी तीमारदारी में लगे हुए थे। उन्हें छोड़ कहीं जाते तक नहीं थे। वही भाभी जो उसी फ्लैट में पिछली बार मुझसे शिकायत कर रही थीं, "मैंने इनसे कितना कहा, बैठे रहते हो...(थोड़ा सुरीली आवाज में गाते हुए-सा बोलती थीं वे) जा...आ...ओ, घू...ऊ...मो...घूमो-फिरोगे नहीं तो लिखोगे कैसे!" अब वे ज्यादा बीमार थीं और खाट से आ लगी थीं। श्रीलाल जी ने कार भेजकर (मेरा स्टेटस बढ़ा दिया था उन्होंने) मुझे बुलवा लिया था। मेरे लिए शराब निकाली उन्होंने...खुद पक्का परहेज। जितनी शालीन पोशाक उतना ही शालीन आचरण। भीतर कोई आत्मदया नहीं, न लिख पाने की शिकायत...पत्नी की बीमारी को लेकर कोई झुँझलाहट, कुछ नहीं। सब सहजता से सब अपने भीतर समोये हुए एकदम शान्त भाव से बातें कर रहे थे और यह भी नहीं कि पत्नी की बीमारी की ही बातें...उनसे जल्दी निपट वे दीगर चर्चा पर आ गये थे। एकदम सन्तुलित और जैसे हर चीज से तटस्थ। बहुत बाद में दोस्तोयेव्स्की के प्रसिद्ध वाक्य 'सुन्दरता ही संसार को बचायेगी' में सुन्दरता को व्याख्यायित करते हुए मैंने कहा था, "श्रीलाल जी सब कुछ छोड़ पत्नी की तीमारदारी में लग जाते हैं यह सुन्दरता है।"

कहाँ यह सौन्दर्य...करीब-करीब सन्त-सा यह व्यक्ति, कहाँ वह अड़ियल, बिगड़ैल पहलवान छाप...जो स्कूटर को गद्दी पर यों बार-बार हाथ मार रहा था जैसे कुश्ती के लिए ताल ठोंक रहा हो।

और यहीं कहीं...इन दो कुश्तियों के बीच के सन्धि बिन्दु पर कहीं बैठी हुई है उसकी सृजनात्मकता...जो यथार्थ की ओर ज्यादा झुके होते हुए भी सौन्दर्य को नकारती नहीं। याद आती है शीला सन्धू के घर की एक पार्टी, जहाँ तीन-चार पेग के बाद श्रीलाल जी मुझे कोहनी मार-मारकर एक सुन्दरी के बारे में पूछ रहे थे, "हू इज शी...हू इज शी..." (वे अंग्रेजी बोलने वाले बिन्दु तक आ पहुँचे थे) और उनके ताजा उपन्यास 'बिस्रामपुर का सन्त' में भी सुन्दरी है...वह सो रही थी।

"बाल तकिये पर बिखरे हुए थे, गर्मी के मारे शायद वह उन्हें सिर के आसपास बिखेरकर ही सोयी थी। वह सीधी लेटी हुई थी, दाहिनी बाँह आँख को ढँकती हुई मत्थे के ऊपर आ गयी थी, दूसरी छिटककर पलँग के किनारे की ओर चली गयी

थी। एक घुटना मुड़कर ऊपर की ओर उठ आया था और साड़ी के ऊपर खिंच जाने से उसकी सुडौल पिंडली का निचला हिस्सा बाहर झलक रहा था। उसके जिस्म पर पतली खादी का हलके भूरे रंग का ब्लाउज था, उसके नीचे ब्रा नहीं थी, गर्मी के कारण उसे निकाल दिया गया होगा। ब्लाउज के नीच उसके उरोज गहरी नींद की नियमित साँस के साथ हलकी लहरों पर चलती हुई नाव की तरह उठ रहे थे, गिर रहे थे।...”

बारीकी से देखते हैं सौन्दर्य, लेकिन सौन्दर्य की प्रतिक्रिया जो कविता में उठ जाती है वह नहीं मिलेगी उनके यहाँ। सौन्दर्य में बह जाना, डूब जाना नहीं...शायद इसीलिए कि वे व्यंग्यकार हैं, यथार्थबोधी हैं...लेकिन शायद इसी कारण यह भी है कि उनके उपन्यासों में वह गहराई नहीं मिलती जिसकी अपेक्षा उपन्यास से होती है। शायद उनका व्यंग्यकार उन्हें इस गहराई में उतरने से रोकता हो, यह हो सकता है। यह भी सही है कि उपन्यासों में उनका व्यंग्यकार खूब काबू में रहता है। कुछ आधुनिक कथाकार जो हर बात को ‘आयरोनिकल’ देखने के आदी हो जाते हैं। जीवन की हर स्थिति को ट्विस्ट करके देखते हैं, उस पर हँसते हैं, सिनिक से दिखते हैं...ऐसा नहीं है श्रीलाल जी के यहाँ। वह व्यंग्य में व्यंग्यकार हैं, उपन्यास में उपन्यासकार। उपन्याासों में हर पात्र सन्तुलित ढंग से और पूरे ब्योरों में उकेरा जाता है। उन्हें सहानुभूति भी देता है लेखक, मजाक नहीं उड़ाता उनका। उपन्यासों में कुछ मुद्दों पर लेखकीय टिप्पणी में हो लेता है यह सब, पर पात्रों के साथ नहीं...यह कमाल का सन्तुलन है। मनोहर श्याम जोशी के उपन्यासों में भी गहराई के लिए मन तरसता रहता है, वहाँ वह सन्तुलन भी नहीं है जो श्रीलाल जी के यहाँ है, जो उपन्यासों में होना चाहिए। ...जोशी जी के यहाँ जैसे उपन्यासकार एक ऊपर के मंच पर बैठा हर चीज पर, पात्रों पर हँस रहा, सबका मजाक उड़ा रहा है। अब कहने को कह लीजिए कि उस आइरोनिकल अन्दाज से जो अनावृत्त होता है वह असल है...लेकिन जोशी जी के उपन्यास जो अपने पूरेपन में प्रभाव छोड़ते हैं वह अनावृत्त होने वाले इस या उस तत्त्व का नहीं होता...उस आयरनी का होता है जो उनका अन्दाज है। इसके बरक्स उपन्यास की सारी तृप्तियाँ श्रीलाल जी के यहाँ मिल जाती हैं...कथा-रस...कथा की डालें मोटी से पतली होते हुए फुनगियों तक, तरह-तरह के पात्र अपने पूरे डिटेल्स में उकेरे हुए और सबसे ऊपर विषय का पूरा बौद्धिक विश्लेषण, कहीं-कहीं जीवन पर टिप्पणियाँ भी...एक संसार की सृष्टि अपने पूरे फैलाव के साथ...लेकिन वे रह जाते हैं श्रीलाल शुक्ल के उपन्यास ही...वह चीज जो उपन्यास को लेखक के हाथ से छिटका कर उससे आगे की चीज बन जाने दे, रचना लेखक से पृथक्, लेखक के बावजूद एक बड़ा व्यक्तित्व प्राप्त कर ले...यह नहीं हो पाता। और मेरा ख्याल है कि इसका एक ही कारण है—श्रीलाल जी का सौन्दर्य से नहीं, सौन्दर्य में डूबने से परहेज। आकर्षण तो है...पर जल्दी ही वे

सन्तुलन की तरफ लौट आते हैं। सौन्दर्य ही में तो वह ताकत है कि लेखक को डुबो दे, बहा ले जाये...वहाँ जहाँ रचना रचनाकार से छूटकर कुछ-की-कुछ हो जाये।

श्रीलाल शुक्ल को लेकर एक बात और भी कही जाती है कि 'राग दरबारी' जैसे प्रसिद्ध और लोकप्रिय उपन्यास ने ही उनकी सीमा-रेखा भी तय कर दी है। मैं दो चीजों पर अकसर सोचता रहा हूँ...यह तो हो सकता है कि आपकी कोई रचना अति प्रसिद्ध पा ले, उसके मुकाबले कोई बेहतर रचना भी पीछे रह जाये...लेकिन अति प्रसिद्धि रचना आपको पार जाने से रोकने लगे, यह कैसे हो सकता है और श्रीलाल जी के साथ यह नहीं हुआ है...इसका उदाहरण 'सीमाएँ टूटती हैं' जिसमें उन्होंने 'रागदरबारी' की सीमाएँ निश्चित तोड़ी हैं...यहाँ वे मानव मन में गहरे उतरे हैं। लेकिन जैसे हर लेखक की एक खास जमीन हो जाती है...जैसे ही श्रीलाल जी 'रागदरबारी' वाली जमीन की ओर बार-बार लौटते हैं और इससे ही गड़बड़ियाँ पैदा होती हैं। श्रीलाल शुक्ल के ताजा उपन्यास 'बिस्रामपुर का सन्त' जिससे अपेक्षा होती है कि वह एक लेखक की प्रौढ़ता के चरम बिन्दु को चमकाता हुआ उतरेगा, वह नहीं होता। 'बिस्रामपुर का सन्त' और कमलाकान्त त्रिपाठी जैसे नये रचनाकार के उपन्यास 'बेदखल' में ज्यादा फर्क नहीं दिखायी देता। दूसरे ने 'अवध आन्दोलन' का विषय लेकर उपन्यास लिख डाला तो पहले ने 'भूदान आन्दोलन' को लेकर। बार-बार याद आता है कि वह रस, वैसा संसार...पूर्ण संसार, वह लयमयता जो 'रागदरबारी' मैं थी...जो पाठक को उसके अपने संसार से हटाकर उपन्यास के संसार में ले जाकर डुबा देती है, वह यहाँ नहीं है। पाठक विषय के विभिन्न पक्षों की सतह पर घिसटता लाभान्वित होता रहता है...बीच-बीच में सुन्दरी, जयश्री आदि के प्रसंग ऊष्मा लाते हैं...पर वे जीवन्त पात्र कहाँ जो 'राग दरबारी' में थे, जीवन से सीधे उठाये गये। मैं जिस तरह तुलना कर रहा हूँ...यही शायद गलत है। तुलना न होती अगर श्रीलाल जी जीवन के एकदम किसी अलग-अलग किस्म के पक्ष को, दूसरे ढंग से उठा सकते...और यहाँ उनका यथार्थवाद आड़े आता है। वे सम्बन्धों की विराट, जटिल और गहरी दुनिया में नहीं घुसते।

('सीमाएँ टूटती हैं' में कुछ-कुछ यह हुआ और इसलिए उस उपन्यास में ताजगी है)...शायद श्रीलाल जी को सामाजिक यथार्थ तन्त्र का यथार्थ आज के जीवन की बड़ी त्रासदी लगता है, कदाचित वह है भी (मैंने भी इस तरह के उपन्यास/कहानियाँ लिखे हैं लेकिन मैं पिसते व्यक्ति, उस पर पड़ती मार पर उतर उतर आया...वे रचनाएँ कैसी बनीं, नहीं जानता...लेकिन मेरी दुनिया ही वह थी—व्यक्ति की दुनिया, वहाँ भी उसकी भीतरी दुनिया)...श्रीलाल जी सामाजिक यथार्थ के उस टुकड़े का खाका खींचने में ज्यादा व्यस्त हो जाते हैं। फिर उपन्यास उस विषय पर एक अच्छी-खासी 'स्टडी' तो बन जाता है पर पात्रों की आदमीयता पीछे छूट जाती है, उनके पारस्परिक सम्बन्ध, उनका तनाव पीछे छूट जाता है। बेशक इतनी 'स्टडी' वह नहीं होती कि

आदमी की दुनिया ही नदारत दिखे लेकिन आदमी की दुनिया की संश्लिष्टता, जटिलता और सबसे ऊपर उसकी गरमाहट वहाँ नहीं होती। एक यह बात भी गौरतलब है कि सामाजिक यथार्थ तो बदलने वाली चीज है, वह आज कुछ है, कल कुछ और...स्त्री-पुरुष के, आदमी आदमी के, आदमी तन्त्र के...ये हमेशा रहने वाली चीजें हैं इसलिए हर भाषा और हर युग में वे साहित्य के विषय रहे। फिर भी, श्रीलाल जी उन पर बहुत न ठहर यथार्थ के उस टुकड़े की तरफ ज्यादा भागते हैं जो परिवर्तनशील है। बावजूद इसके उनका हर उपन्यास, कदाचित हर रचना एक स्तर के नीचे कभी नहीं उतरती...वह एक बड़ी या बहुत अच्छी भले ही न बन पाये, एक साफ-सुथरी, अच्छी रचना हर बार होती है।

जिन्होंने श्रीलाल जी के साथ छोटी बैठकें की हैं, उन्हें मस्ती में गपियाते देखा है...सुनाते चले जायेंगे—एक के बाद दूसरा किस्सा, किस्से से फूटते दूसरे किस्से, उप किस्से...क्या याददाश्त है। जैसे किस्सों का अथाह कुंड हो भीतर जिससे भल भल झरनों की तरह बहते चले आते हैं किस्से...किस्से पर किस्से...तब वे किसी दूसरे को आसानी से बोलने भी नहीं देते, असहिष्णुता की वजह से नहीं...इसलिए कि उनके किस्से चुकते ही नहीं, किस्से बेताब होते हैं बाहर आने को, कभी-कभी तो साफ-साफ शब्द भी नहीं निकलते पत्तियों से होंठ फड़फड़ाते चले जाते हैं...अपना बोला वे ही समझ पाते हैं, पर श्रीलाल जी बोले जा रहे हैं...बोले जा रहे हैं...जिन्होंने उन्हें इस तरह किस्से सुनाते, गपियाते देखा है वे समझ सकते हैं, अगर मैं कहूँ कि श्रीलाल जी स्वाभाविक गद्यकार हैं, उपन्यास लिखना उनके यहाँ ऐसी नैसर्गिकता से आता है जैसे साँस लेना, जरा भी बनावट, मेहनत का अहसास नहीं...और मौजूदा उपन्यासकारों में इस तरह के वे अकेले उपन्यासकार हैं, मेरी समझ में...जहाँ साहित्य या किसी विधा-विशेष की विशिष्टता इतनी सहजता (सरलता नहीं) में तब्दील हो जाती है कि लगे ही नहीं आप लिखे हुए से गुजर रहे हैं, जैसे कि किसी बस्ती की एक गली से दूसरी, दूसरी से तीसरी में निकलते चले जा रहे हैं...बस। कलाविहीनता की यह कला बड़े रचनाकारों को भी उनके सबसे उत्कर्ष काल में मिलती है...जो श्रीलाल शुक्ल को उनके स्वभाव के कारण, शायद पैदाइशी ही मिली हुई है। उनकी प्राप्ति यह है कि इस प्रकृति प्रदत्त स्वाभाविक सहजता को उन्होंने न तो उलीच कर जाया किया और न ही शिक्षा, अनुभव, जानकारियाँ, किसी वाद में विश्वास आदि से इसे कलुषित होने दिया है। उनके व्यंग्यकार से इस चीज को सबसे बड़ा खतरा था...लेकिन श्रीलाल जी उससे भी इसे बचा ले गये। वह अपनी निष्कलुषता में आज भी 'बिस्रामपुर का सन्त' में उतरी है, क्योंकि वह श्रीलाल जी के व्यक्तित्व में आज भी है। श्रीलाल जी जो आज तक लिख सके हैं, लिखते जा रहे हैं उसका रहस्य भी इसी में छिपा हुआ है। यथार्थपरक लेखन की तरफ झुकता है उनका मन लेकिन किसी वाद या किसी विचारधारा में आ-मस्तक डूब जाना तो दूर वे उससे

कोसों दूर रहे हैं। उन्होंने कई बार कहा भी है कि वे तो दफ्तर की दासता से मुक्त महसूस करने के लिए लिखते हैं...तो फिर किसी वाद या विचारधारा की दासता कैसे पकड़ लें। उन्होंने स्वयं को खुला रखा है और इसी से बची रह सकती है वह सहजता जिसका जिक्र मैंने ऊपर किया है। उनकी यथार्थपरकता भी कठोर, आक्रामक यथार्थपरकता नहीं है...उसमें कोमलता का एक पुट रहता है...जिस आँख से वे यथार्थ को देखते हैं, उकेरते हैं उसमें करुणा के रंग हैं। इसीलिए जहाँ वे यथार्थ की पूरी दारुणता को भी उकेर रहे होते हैं, वह जीवन खण्ड भी तपते धूप के टुकड़े की तरह चिलमिलाता नहीं, अन्ततः एक कारुणिक आस्वाद ही छोड़ता है...वही जो कला का इष्ट है। चिलमिलाते टुकड़े को तो हम ठीक से देख भी नहीं सकते, कारुणिक अन्दाज में दिखाया गया सत्य एक टीस, कसक बन पीछे छूट जाता है, देर तक हमारे भीतर कलथता रहता है।

इस मुकाम पर...डॉ. देवीशंकर अवस्थी को पढ़कर

जिन्दगी के उस मुकाम पर पहुँच चुका हूँ जहाँ महत्त्वपूर्ण और महत्त्वहीन में फर्क करने की जरूरत हर पग पर महसूस होती है। यह भी तबीयत होती है कि काश कोई मार्गदर्शन कर सके...क्योंकि अपने सोच पर संशय भी उतना ही होता है। कहाँ हैं वे आलोचक जो यह विश्वास उपजाते हों कि उनके पास सचमुच ईमानदार मार्गदर्शन मिल सकता है—साहित्य, जीवन, समाज...और इनके आपसी सम्बन्धों के सोच को लेकर। ऐसा कोई आलोचक जो स्वयं तो पूर्वग्रहों से मुक्त हो ही, आपके भीतर बैठे किसी पूर्वग्रह को ही पानी न देने लगे, बल्कि आपमें मुक्त चिन्तन को धार दे। यह सब चाहिए तो आज भी सिर्फ दो ही नाम उभरते हैं आधुनिक हिन्दी जगत् में—डॉ. देवीशंकर अवस्थी और मलयज। यह दुर्भाग्यपूर्ण विडम्बना रही कि दोनों को ही काल ने असमय हमारे बीच से उठा लिया...वरना हो सकता था कि वे एक मुकम्मिल सोच हमारे बीच छोड़ जाते जो आने वाली कितनी पीढ़ियों का मार्गदर्शन करता। इससे भी बड़ी विडम्बना यह है कि दोनों के देहान्त के इतने वर्षों बाद आज ये ही दो नाम हैं जो उभरते हैं। उन दिनों जो बातें व्यक्तिगत होड़ों और अपने-अपने घेरों की वजह से की जाती थीं...ये आलोचक उन बातों के मूल में जाने की कोशिश करते थे।

साहित्य आज कहाँ है...या कि साहित्यकार कहाँ है—उस समाज में या कि संस्कृति के उस दौर में जहाँ हर कुछ 'वस्तु' है। डॉ. देवीशंकर अवस्थी वस्तु की बात ईमानदारी से स्वीकारते हैं और यहीं से शुरू करते हैं : "जैसे ही रचना समाप्त हुई कि फिर उसका प्रकाशन सृजन-प्रक्रिया का ही अगला और शायद अन्तिम कदम है और इस स्टेज पर लेखक पसन्द करे या न करे उसके एक वस्तु (Commodity) का उत्पादन किया है जिसे कि उसे अन्य वस्तुओं के समान ही बाजार में भेजना है।" जहाँ दूसरे क्षेत्रों में वस्तु रुपये में तब्दील होकर सीधे-सीधे उपयोगी बन जाती है, साहित्य में यह नहीं हो पाता। विज्ञान भी उद्योग से जुड़कर व्यापारिक दृष्टि से महत्त्वपूर्ण हो लेता है। दूसरे, हर क्षेत्र और व्यवसाय में कुछ न्यूनतम योग्यताओं के ही लोग जा सकते हैं, लेकिन साहित्य के क्षेत्र में...डॉ. देवीशंकर अवस्थी के शब्दों में, "लेखन या साहित्य-सृजन नाम की जो सामाजिक क्रिया है, वह एक ऐसी

दुर्भाग्यपूर्ण भूमि है जिसमें प्रत्येक अपना जोर दिखा सकता है।" इसी लेख में डॉ. अवस्थी आगे कहते हैं, "जिस प्रकार ज्ञान हमारे चतुर्दिक विस्तृत भौतिक संसार के प्रति सचेतनता, सजगता तथा ज्ञान-लोक को देता है, उसी प्रकार वास्तविक सर्जनात्मक साहित्य भी मानवीय सम्बन्धों का गहरा ज्ञान और उनमें भी जो सबसे अधिक गहन महत्त्व के होते हैं, उन्हें लोक को देता है।''

इन दो छोरों—एक तो कोई भी साहित्य में उतर आये, दूसरे साहित्य का इतना बड़ा दायित्व—इन्हें इंगित कर डॉ. अवस्थी छोड़ देते हैं...और यह भूमि है जहाँ से सोच को आगे चलना है। साहित्यकार की स्थिति समाज में इसलिए भी कुछ नहीं हो पाती क्योंकि जहाँ विज्ञान में केवल विशिष्ट ही ऊपर आ पाता है, साहित्य के क्षेत्र सब लेखन साहित्य है—ये दावे सभी लेखकों और आलोचकों द्वारा होते हैं और इस तरह एक ऐसी धुन्ध-सी फैल जाती है कि समाज का अधिकांश वर्ग यही नहीं पहचान पाता कि कौन-सा वह लेखन है जो दरअसल साहित्य है, स्वयं लेखकों की भी चेष्टा कि ईमानदारी से अपने व्यक्तिगत स्तर पर खोजें कि साहित्य क्या है... यह समाप्त प्राय हो जाती है। अपने को प्रतिष्ठित करने, यश पाने...अपने मत को प्रतिष्ठापित करने...ऐसी होड़ें चल पड़ती हैं। साहित्य अपनी मूल शक्ति—ईमानदारी—से बहुत दूर जा गिरा होता है। जब आपके चिन्तन और लेखन में ईमानदार खोज नहीं, जब आप स्वयं साहित्य की मूल शक्ति से बहुत दूर जा गिरें तो फिर समाज में जिस शक्ति के रूप में साहित्य वन्दनीय हो सकता है व स्थिति कहाँ से आ सकती है? ऐसे माहौल में हम लेखक क्या करें? मेरा खयाल है कि हमें मूल बात से सटे रहना चाहिए—साहित्य मानवीय सम्बन्धों का जैसा गहरा और संवेदनशील ज्ञान कराता है, वह अन्य किसी शास्त्र से सम्भव नहीं। चूँकि यहाँ संवेदना है इसलिए उस ज्ञान का असर भी होगा...भले ही व्यक्तियों के स्तर पर, उनकी आत्माओं में गहरा आलोक पहुँचेगा, उनके आपसी सम्बन्धों पर असर पड़ेगा। यह काम न दर्शनशास्त्र, न समाजशास्त्र, न मनोविज्ञान...कोई भी इस प्रकार नहीं कर सकता जैसे साहित्य कर सकता है। जो धुन्ध हमारे चारों तरफ फैली है उससे आतंकित हुए बिना अगर हर लेखक अपनी-अपनी छोटी चेष्टाओं में उपुर्यक्त लक्ष्य के प्रति समर्पित हो जाये, अगर हर आलोचक इन ईमानदार चेष्टाओं को रेखांकित करने लगे तो साहित्य का समाज में जो असली कर्म है चल पड़ेगा।...जिस तेजी से मनुष्य अपने भीतर और अपने पारस्परिक सम्बन्धों में खोखला होता चला जा रहा है...उसे मानवीय सम्बन्धों के संवेदनशील ज्ञान की पहले से कहीं ज्यादा जरूरत है। और इस जरूरत को भी साहित्यकार ही रेखांकित कर सकेंगे...जब वे अपने भीतर...और भीतर, ईमानदारी...और ईमानदारी से झाँकने की प्रक्रिया में लग जायेंगे। हर लेखक अपने आपमें छोटा-मोटा गाँधी हैं। जिस तरह गाँधी अपने जीवन के व्यक्तिगत स्तर पर सत्य के अन्वेषण में लगे होकर ही बड़े स्तर पर कुछ कर सके, वैसे ही लेखक कर

सकता है। समाज...समाज, सामाजिक प्रतिबद्धता आदि चिल्लाकर कुछ हासिल होने का नहीं। जितना हम साहित्य के सरोकारों के बारे में चिल्लाते हैं, उतना ही उन सरोकारों से और दूर होते चले जाते हैं। डॉ. देवीशंकर अवस्थी कहीं चिल्लाते नजर नहीं आते, उनके लेखों में खामोशी की आवाज उठती है। जिस बिन्दु से आगे लेखक को सोचना है, वे वहीं तक पहुँचकर चुप हो जाते हैं—यह द्रष्टव्य है। उनका ऐसा ही एक खामोश वाक्य है : "दैनिक जीवन के शुद्ध एवं अमहत्त्वपूर्ण यथार्थ से महत्त्वपूर्ण यथार्थ की ओर हम साहित्य में आते हैं।" एक यह छोटा-सा वाक्य ही उन्हें कितना बल दे सकता है जो यह मानने लगे हैं कि साहित्य का आज कोई उपयोग नहीं रहा।

साहित्य लेखक और साहित्य मूल्यांकन, दोनों उस गाड़ी के पहिये हैं जिनके बल पर साहित्य समाज में कुछ योगदान करने के लिए प्रतिश्रुत होता है। साहित्य लेखन तो आजकल कुछ हो भी रहा है, हर युग में होता रहेगा; मूल्यांकन की स्थिति शोचनीय है। ऐसा नहीं है कि आलोचना समीक्षाएँ लिखी ही नहीं जा रहीं, वे भटकी हुई-सी प्रतीत होती हैं। डॉ. अवस्थी ने इस धुन्ध को साफ करने के लिए बहुत कुछ लिखा है :

"आत्मगत अनुभूति और वस्तुनिष्ठ परख ये दोनों बातें सचेत पाठक के लिए उतनी ही आवश्यक हैं, जितनी सजग रचयिता के लिए। कृतिकार के प्रेष्य अनुभव का केवल भावन करना, उसकी परीक्षा न करना जीवन में अन्धभाव से चलना है। लेखक जितना अभिव्यक्त करता है, उसके प्रति पाठक समूह को पूर्ण जाग्रत बोध देना एक प्रकार से लेखक के कार्य को पूर्णता प्रदान कराना है।"

रचना का विस्तार एक ओर तो पाठक की कल्पना में होता है, दूसरी ओर आलोचक में। इसीलिए डॉ. देवीशंकर अवस्थी आलोचक को 'विशिष्ट पाठक' ही मानते हैं। पाठक पर कृति कर समग्र प्रभाव पड़ता है...इसलिए आलोचक को भी कृति को उसकी समग्रता में उठाना चाहिए—ऐसा डॉ. अवस्थी का मानना है। शुरुआत वहाँ से करनी चाहिए जो लेखक अभिप्रेत था। आज अधिकांश आलोचना इस बात को लेकर होती है कि फलां रचना में ये नहीं है, ये ये बातें लेखक से छूट गयीं, लेखक ने यह कोण न उठाकर यह कोण क्यों उठाया। डॉ. अवस्थी कहते हैं :

"किसी वस्तु का उपयोग वही है जो उसकी प्रकृति के लिए उद्दिष्ट है, एवं उसकी प्रकृति वही होगी जो उसका प्रयोजन या कार्य होगा। कृति को वही करना चाहिए जो कर सकती है एवं उसी क्षमता को मूल्य प्रदान करना चाहिए।"

जब डॉ. देवीशंकर अवस्थी जैसा प्रखर विश्लेषक इस बात को जोर देकर कहता है कि रचना सबसे पहले कलाकृति है...तो इस बात पर गम्भीरता से सोचा जाना चाहिए, खासकर हमारे समय में जब कलात्मकता को हँसी उड़ाने की हद तक उपेक्षित किया जाता है। डॉ. अवस्थी के अनुसर, "समीक्षा करते समय इस संगठन

संयोजन-एवं कृति के कार्य से प्रारम्भ करना अधिक समीचीन होगा। कौन से तत्त्वों की अपेक्षा यह बात जाननी अधिक आवश्यक है कि कैसे और किस इष्ट से उपादान क्रमबद्ध किये गये हैं जिससे कि वह संगठित रचना एक कलाकृति बन सकी है...किसी कलाकृति में विचार या उद्देश्य का आ जाना कोई खतरा उत्पन्न नहीं करता—बशर्ते कि वह रचना में उसका उपजीव्य उपादान बनकर आये, उसी प्रकार जैसे घटना या वातावरण बनकर आते हैं।"

"मनोवैज्ञानिक, दार्शनिक या सामाजिक सत्य रचना के भीतर तभी मूल्यवान होते हैं जब वे उसकी समग्रता, संकुलता एवं कलात्मकता की रक्षा करते हैं।''

आज साहित्य और सामान्य लेखन के बीच की विभाजन रेखाएँ जो क्षीण पड़ गयी हैं, उसका कारण कलात्मकता के प्रति हमारे आग्रह का कम हो जाना है। जो कहा जा रहा है उसे अधिकांश पाठक और आलोचक मुख्य मानते हैं और उसी के आधार पर समीक्षा करते हैं। जो कहा जाता है वह तो अखबारों और चालू किस्म की पत्रिकाओं के माध्यम से पाठक तक पहले ही पहुँचा हुआ होता है। तो फिर नया क्या है जो हम दे रहे हैं। महत्त्वपूर्ण है, भाव-जगत् जिसकी अन्तरंगता में भिगोकर हम वह चीज प्रस्तुत करते हैं जो भले ही कितनी जानी-पहचानी हो। दूसरे शब्दों में, विषय कोई नया नहीं होता, किसी लेखक के भाव-जगत से निसृत होकर ही वह नया बनता है। डॉ. अवस्थी कहते हैं, "लेखक लिखता भीतर से है और उसमें संशोधन और परिष्कार बाहर से करता है। समीक्षक बाहर की ओर से प्रभाव ग्रहण करता है एवं भीतर की ओर से महत्त्व का आकलन करता है। पर यह होता एक ही समय और साथ-साथ है।"

तो यह चिन्ता किये बिना कि साहित्य हाशिये पर चला गया है, मुझे साहित्य से सटे रहना होगा। लिखने के साथ-साथ बराबर अपनी इस पहचान को साफ करते रहना होगा कि जो मैं लिख रहा हूँ वह सचमुच साहित्य है या कि सिर्फ स्वयं को भ्रम दे रहा हूँ। यहाँ भी डॉ. अवस्थी की साहित्य-कर्म की एक निहायत साफ-सुथरी परिभाषा को उद्धृत करने का लोभ संवरण नहीं कर पा रहा हूँ :

"साहित्य मनुष्य को उसके चतुर्दिक विकीर्ण जीवन एवं स्वयं उसके अपने व्यक्तित्व का एक जाग्रत विवेक देता है। पाठक उसके माध्यम से जीवन के अनेक अज्ञात पक्षों के ताजे, गहरे एवं निकट सम्पर्क में आता है। यह ज्ञान ही है और अन्य प्रकार के ज्ञान की अपेक्षा न तो श्रेष्ठ है और न निकृष्ट, अधिक नजदीकी अवश्य है भाव की दृष्टि से।"

यहाँ जो डॉ. अवस्थी ने लाकर छोड़ दिया, मेरी समझ में साहित्य का सूत्र वहीं छिपा हुआ है...''अधिक नजदीकी अवश्य।" जैसे सबसे महत्त्वपूर्ण व्यक्ति वही होता है जो आपका सबसे ज्यादा नजदीकी है, इसी तरह सबसे उपयोगी वह ज्ञान होता है जो नजदीकी है। जैसे हम पर सबसे अधिक प्रभाव प्रेमी का पड़ता है, उसी तरह

पाठक पर सबसे अधिक प्रभाव इस नजदीकी ज्ञान का ही पड़ता है। हम कितने ही आधुनिक हो जायें, सभ्यता कहाँ से कहाँ पहुँच जाये...जैसे प्रेम की जगह लेने वाली कोई दूसरी चीज नहीं है, वैसे ही साहित्य का भी विकल्प नहीं है। यह इत्तफाक नहीं है कि जैसे प्रेम हमारे जीवन में कम हुआ है उसी अनुपात से साहित्य भी समाज में कम दिखायी देता है...लेकिन जैसे प्रेम के न होने से ऐसा लगता है जैसे कुछ बड़ी कमी है हमारे जीवन में कुछ खो-सा गया है...ऐसे ही साहित्य की कमी महसूस की जायेगी, महसूस की जाने लगी है, मीडिया के बढ़ते प्रभाव के बावजूद। मीडिया हमारे समय को तो भर देता है, हमें नहीं भर पाता...यह फर्क लोग आने वाले दिनों में और भी ज्यादा महसूस करेंगे।

तो एक मैं वह लेखन करूँ जो साहित्य है, साहित्य की अपनी पहचान को और गहराते हुए। दूसरे अपने भाव-जगत् में उतराने से कतराऊँ नहीं। बेशक सिर्फ भावना ही भावना, भावुकतापूर्ण लेखन साहित्य नहीं होता...लेकिन भाव-जगत् के संस्पर्श के बिना भी साहित्य नहीं होता। भीतर ही तो है मेरा विशिष्ट...इसलिए सिर्फ बाहर बाहर को ही साहित्य का विषय बनाना पत्रकारिता लेखन के समानान्तर ही कुछ लिखना है। इन दोनों में फर्क ही भाव-जगत के फिल्टर का है।

बल मिलता है डॉ. देवीशंकर अवस्थी को पढ़कर। कितना ईमानदार और उस समय जब वह लिखा गया उसे देखते हुए कितना आगे का कि आज तीस वर्षों बाद भी वह रोशनी देता है, आगे सोचने को प्रेरित करता है।

तो खाक़सार... : रवीन्द्रनाथ त्यागी

'और अगर आपको प्रथम श्रेणी के अफसर में प्रथम श्रेणी की प्रतिभा के दर्शन करना हो तो खाक़सार अपने आपको पेश करता है...'

ऐसा कुछ था रवीन्द्रनाथ त्यागी के एक व्यंग्य में 'पराजित पीढ़ी के नाम' शृंखला का हिस्सा जो उन्होंने 'सारिका' के लिए लिखी थी। पता नहीं अभी तक पुस्तक में आया है या नहीं। पढ़कर मुझे लगा था कि खुद पर फब्तियाँ कसते हुए त्यागी जी चलते-चलते सच कह गये हैं।

यह खाक़सार वाली अदा मुझे बहुत प्यारी लगती है। शायद उनके व्यंग्यों का केन्द्रीय आधार है भी यही। वे कितनी चीजों पर टुकटुक मारते हुए 'खाक़सार' तक जरूर पहुँचते और उसकी भी अच्छी खबर लेते हैं। इसलिए 'खाक़सार' शब्द उनके लगभग प्रत्येक व्यंग्य में मिलेगा और यही उनके व्यंग्यों को साहित्य बनाता है। अपने पर हँसना सबसे मुश्किल काम है। यह तो है ही लेकिन यह 'खाक़सारी' रवीन्द्रनाथ त्यागी के व्यंग्यों में वह तत्त्व बचाये रखती है जो शरद जोशी अपनी तात्कालिकता और परसाई अपनी विचारधारा की गर्मी में अक्सर झुलसा डालते हैं। यह तत्त्व क्या है—एक अपनी तरह की 'मैलोनैस' (जिसे व्यंग्य में बर्करार रखना वैसे भी मुश्किल काम है) जिसके बगैर साहित्य होता ही नहीं। इसलिए अधिकांश व्यंग्य-लेखन पत्रकारिता के ही स्तर पर रहा आता है, साहित्य तक अक्सर उठ नहीं पाता। रवीन्द्रनाथ त्यागी के यहाँ साहित्य तक अनायास ही उठ जाता है क्योंकि सबसे ज्यादा वे अपना उपहास कर सकते हैं...और बगैर बनावटी हुए।

बनावटी होने की त्यागी भाई को जरूरत भी नहीं पड़ती होगी। उन्हें अगर ज्यादा देखूँ तो मुझे ही हँसी आने लगती है...तो वे तो स्वयं के साथ हर पल हैं, उन्हें तो आएगी ही। पूरी स्थिति ही हास्यास्पद है। देखिए न इस शख्स को, हर वक्त झूमता दिखता है पर शराब की किसी भूली भटकी बूँद ने भी कभी त्यागी को इस लायक न समझा कि...ज़रा चेहरा देखिये—बोले न तो कैसा गुप्पा...एकदम ऐंठू...और यह 'ऐंठू' व्यंग्यों में 'खाक़सार' हो जाता है, हाय-हाय! और बीमार...कौन-सी बीमारी जो नहीं, शरीर का कौन-सा हिस्सा जिसमें नहीं। चौबीस घंटों के हर क्षण, नहीं क्षणांशों में भी बीमार...लेकिन हुजूर जब छड़ी लेकर टहलाव के लिए निकलते हैं...क्या

थिरकन छड़ी की, जनाब की...कि शक होने लगता है कि कहीं त्यागी जी की बीमारी...उपेन्द्रनाथ 'अश्क' स्टाइल तो नहीं? मस्तिष्क में धुन्ध छा जाती है पर लिखना?...चले आ रहे हैं 'सारिका' में किश्त-दर-किश्त। कुछ सालों पहले इसी 'सारिका' में भगवती बाबू (स्व. भगवती चरण वर्मा) ने एक साथ लगातार कितनी (सम्भवतः बारह) कहानियाँ लिखकर नये लेखकों को चुनौती दी थी, किश्त! रवीन्द्रनाथ त्यागी को स्वस्थ मैंने कभी देखा नहीं, पर उन्होंने पढ़ा खूब है। कब पढ़ा? कभी-कभी तो लगता है—शोध वाली गम्भीरता से पढ़ा है—एक व्यंग्य लेख में कितने लेखकों को उनके पेशे के आमने-सामने देखा है उन्होंने, शीर्षक मैं फिर भूल गया। त्यागी जी की धारणशक्ति भी बढ़िया है। बावजूद बीमार होने के। यह भी बिल्कुल हो सकता है कि यह बीमारी की मेहरबानी हो कि त्यागी जी का ज्ञान उनकी रचनाओं में इतना सरल और सरस होकर उतरता है, वरना गाँठें बनकर भी बैठ सकता था।

और श्रीमती त्यागी दवाइयाँ और परहेजों का नुस्खा लिए हुए, त्यागी जी का नाम रटते हुए यों फड़फड़ मकान में दौड़ती रहती हैं जैसे कभी बच्चन जी के विलिंगडन क्रिसैंट वाले मकान में तेजी बच्चन इन्दिरा जी का नाम लेते हुए फड़फड़ करती थीं। वे भी साहित्यकार की पत्नी थीं...पर बेचारी श्रीमती त्यागी को ऊँचा दिखता ही नहीं, त्यागी जी के अलावा कुछ नहीं दिखता। भगवान हर साहित्यकार को ऐसी पत्नी दे, मुझे भी दे।

नेताजी नगर दिल्ली में हम मुश्किल से एक फर्लांग के फासले पर रहते थे। (इत्तफ़ाक कि त्यागी जी के उसी मकान में आजकल मेरा एक दूसरा गहरा दोस्त रहता है)। उन दिनों त्यागी भाई के तबादले की बात चल रही थी और वे अपने इलाज के लिए कुछ दिनों और रुकना चाह रहे थे। मैंने एक संयुक्त सचिव से राजभाषा विभाग में उपसचिव पद के लिए त्यागी जी की बात चलाई, संयुक्त सचिव को जँची। त्यागी जी का उनसे मिलना हो गया, परस्पर प्रशंसा का भाव भी दोनों के बीच स्थापित हो गया। बात करीब-करीब पक्की...कि चुनाव की बैठक में संयुक्त सचिव महोदय अपनी ठेठ नौकरशाही वाली आद में टंगड़ी मार गए। उन्हें पता चल गया था कि त्यागी जी साहित्यकार हैं, एक आम मातहत की तरह संयुक्त सचिव के उतने उपयोगी नहीं होंगे। इसलिए बाहर से बड़ी-बड़ी बातें—योग्यता, त्यागी जी की पद के लिए उपयुक्तता आदि की बातें करते हुए वे भीतर-भीतर उस आदमी के चुनाव के लिए काम कर रहे थे कि जो घर की भाजी भी ला दे। उपसचिव के नाम पर उन्हें अपने घर के लिए चपरासी की जरूरत थी। स्वयं को बराबर त्यागी जी का हिमायती दिखाते हुए वे चुनाव की बैठक में त्यागी जी के खिलाफ चतुर पैंतरा खेल गये। त्यागी जी को यह पता चल गया। एक शाम छड़ी बजाते त्यागी जी मेरे घर आये। इत्तफाक़ से तब संयुक्त सचिव भी बैठे थे...त्यागी भाई ने फर्श पर छड़ी बजा-बजाकर महाशय की जो खबर ली कि मजा आ गया। शुद्ध हिन्दी में उन्होंने संयुक्त सचिव को

लच्छेदार गालियाँ दीं 'आप धूर्त हैं, परम धूर्त हैं...' मुझे आज तक याद है।

उस तरह कोई बहुत ही साफ दिल का आदमी बोल सकता है। उस दिन मुझे लगा कि त्यागी भाई का पूरा शरीर रोगी हो सकता है, पर मन उनका स्वस्थ एवं साफ है। यही उन्हें साहित्य से भी निरन्तर जोड़े रहा। साहित्यिक गतिविधियों से दूर, चुपचाप लिखने-पढ़ने में व्यस्त। स्वास्थ्य साथ न दे तो लिखना, हर हालत में लिखना ...रवीन्द्रनाथ त्यागी का जीवन इस बात की उम्दा मिसाल है। इसका भी कि साहित्यिक कार्यक्रमों, उठापटक, आन्दोलनबाजी आदि से दूर अगर हम साहित्य के असली कर्म लेखन से लगे 'रहे' तो भी साहित्य की मुख्यधारा में बने रह सकते हैं।

सम्भवतः त्यागी भाई ने ये मुख्यधारा की भी चिन्ता कभी नहीं की। शायद उनके कोश में यह शब्द इस अर्थ में हो भी नहीं। वे तो उस धारा में बहते हैं जो उनके जीवन की है। नौकरी जिससे मैं झुँझला-झुँझला पड़ता हूँ, वह भी त्यागी जी के यहाँ बड़े ही स्वाभाविक रूप से अपनी जगह बैठी रही। ऐसे ही उनकी बीमारी। और साहित्य सब कुछ को करीने से लपेटे हुए... गोया कि साहित्य है तो सब कुछ स्वतः सँवर ही जायेगा। सब कुछ अपने नैसर्गिक ढंग से बहने दो। उस युग में जब साहित्य जीवन से जाता दिखता है, मेरी साहित्य में आस्था दृढ़तर होती है... जब मैं त्यागी भाई को देखता हूँ या उनके बारे में सोचता हूँ। साहित्य ही ने त्यागी भाई को जीवित रखा, रखे हुए है।

तो लिखते चलो। बीमार हो तो लिखो, मस्तिष्क में धुन्ध छाती हो तो भी लिखो। बस हर हाल में लिखते चलो और उसे समाज को सौंपते चलो। जो सम्मान-पुरस्कार मिले उसे भी इसी भाव से—मिला तो सरमाथे पर, नहीं तो कोई शिकवा नहीं।

ये हैं रवीन्द्रनाथ त्यागी। मिलेंगे तो आपके बारे में ज्यादा बात [illegible]गे, बीच में आपके लेखन के बारे में सब कुछ जानना चाहेंगे, आपकी सभी पुस्तकें पढ़ लेना चाहेंगे। अपने बारे में बात कम से कम, पुस्तकों का जिक्र भी यों कि कुछ नहीं। आप उठकर गये और त्यागी जी अपनी मेज पर—

'और अगर आपको प्रथम श्रेणी के अफसर में प्रथम श्रेणी की प्रतिभा के साथ प्रथम श्रेणी की विनम्रता देखना हो तो खाक़सार...'

इलाहाबाद भी गया! : सत्यप्रकाश मिश्र

चैकोस्लोवाकिया (पुराना) के यात्रा-संस्मरणों में मैंने लिखा था कि मैं घूम रहा था प्राहा और रात सपने में आता था इलाहाबाद। हाँ, यह वह शहर है जो एक बार दिल पर अंकित हो गया तो दूसरी किसी छवि को चढ़ने ही नहीं देता। लेकिन यही इलाहाबाद कई वर्षों तक मेरी यात्राओं से नदारत रहा था। फिर उगा जब शैलेश मटियानी का सान्निध्य मिला। उनके माध्यम से ही सत्यप्रकाश मिश्र से परिचय हुआ। बाहर-भीतर एक निहायत साफ शख्सियत, आत्मीयता ऐसी कि इलाहाबाद उतरो तब से लगाकर आपके लौटने तक बराबर आपके साथ...कुम्भ मेला, गंगा स्नान, मटियानी जी के यहाँ, नरेश मेहता के घर, लक्ष्मीकान्त वर्मा के यहाँ, रामस्वरूप चतुर्वेदी के बड़े बरामदे में। आगे बढ़-बढ़कर वे मेरे कार्यक्रम बनाते...सबसे मिलवा देने को आतुर, संस्थाओं में कार्यक्रम कराने को बेचैन...इस बार नहीं तो अगली बार। लगता कि सत्यप्रकाश नहीं, इलाहाबाद आपके साथ चल रहा है। यही वजह थी कि शैलेश भाई के न रहने पर भी इलाहाबाद मुझे अपनी बाँहों में लेता रहा। 1955 से 1959 तक प्रयाग विश्वविद्यालय में पढ़ने के दौरान जिस मिठास में जिया था और जिसके न रहने पर इलाहाबाद से बचता-फिरता था, वह जैसे फिर लौट आयी थी। सत्यप्रकाश मिश्र के रास्ते इलाहाबाद ने फिर बुलाकर मुझे अपने में लिया था।

हर बार सत्यप्रकाश के व्यक्तित्व का वही पक्ष गौर करने में आता है, देखकर मैं हैरत में पड़ जाता। हमेशा दूसरे का ही ध्यान, इस हद तक कि कैसी भी तक़लीफें तकलीफें नहीं लग रही हैं, अपना कितना भी समय बरबाद कोई बरबादी नहीं लग रही है। तिरुवनन्तपुरम में साहित्य सम्मेलन प्रयाग का अधिवेशन था, मुझे बढ़िया होटल में ठहराया और खुद साधारण कार्यकर्ता की तरह दस-बीस लोगों के साथ एक हॉल में। जब 'पाँच आँगनों वाला घर' पर व्यास सम्मान मिला तो दो पैराग्राफ के प्रशस्तिपत्र को मैं देखकर दंग रह गया—शुरू के अहीरभैरव और अन्त के काँव-काँव को जोड़कर जो अर्थ निकाला गया था वह विलक्षण था, जो उपन्यास लिखते समय मेरी कल्पना में भी नहीं था। आलोचनात्मक भाषा की क्या कसावट। पता लगा कि वह सत्यप्रकाश जी ने ही लिखा था। सोचता रहा, आज भी सोचता हूँ कि अगर यह व्यक्ति अपने लिए समय निकालता तो कितना महत्त्वपूर्ण लिख सकता था...पर नहीं

उसकी तो फितरत थी दूसरों के लिए करना, गिरी साख वाली संस्थाओं को फिर से खड़ा कर देना, किसी संस्था के लिए कोई बहुत ही महत्त्वपूर्ण आयोजन बना देना और उसे चलाना (इलाहाबाद संग्रहालय में उन्होंने महत्त्वपूर्ण लेखकों की अपने-अपने सृजन-परिवेश पर बोलने की एक शृंखला चलायी थी।) ऐसे ही एक दिन खबर मिली कि 'माध्यम' का सम्पादन सँभाल रहे हैं। 1965 में बालकृष्ण राव के सम्पादन में इस पत्रिका में मेरी पहली कहानी छपी थी—'नये पुराने माँ बाप'। तब उस समय की यह प्रतिष्ठित पत्रिकाओं में से थी...उसके बाद गायब। पत्रिका से मुझे स्वाभाविक ही, व्यक्तिगत कारणों से मोह था, मन हुआ कि पत्रिका अपने पुराने वैभव में आ जाये और सच सत्यप्रकाश ने वह कर दिखाया। तमाम तरह के काम... सत्यप्रकाश अपने को खर्च करते रहते थे, अपनी कोई चिन्ता नहीं। अपने लिए जीते तो उन्हें कभी देखा नहीं।

अपना यह समय इतना अजीबोगरीब है कि इसमें सही मायने में जो चिन्तन या बौद्धिकता है उसे घुन लग गया है। बौद्धिक चेष्टाएँ (अंग्रेजी की दुनिया को शामिल करते हुए) उठान में ही रोग ग्रसित दीखती हैं। रोगों के कई लक्षण उनमें मक्खियों की तरह भिनभिनाते दिख जायेंगे...जैसे यह मान लेना कि अगर आप हमारी विचारधारा के नहीं हैं तो हमारे विरोधी हैं। पिछड़ी जातियों के लिए कोटे पर उच्चतम न्यायालय ने रोक लगायी कि सही आँकड़े सामने आयें, समस्या पर खुला सोच हो तो 'ट्विस्ट' मारकर संसद और न्यायालय को आमने-सामने खड़ा कर दिया, असली मुद्दे से ही बहक गये। जैसे प्रगतिशील हिन्दी आलोचना ने तुलसी और कबीर को लड़वा दिया। हमारा यह-वह समय जब बौद्धिकता को राजनीति ने 'हाइजैक' कर लिया है...तब सत्यप्रकाश जैसे व्यक्तित्व आँधी में काँपती लौ की तरह उपस्थित थे और मुझ जैसे खुलेपन के कायल लोगों को प्रेरणा देते थे। सत्यप्रकाश किसी भी विचारधारा वालों को यह प्रतीति दे लेते थे कि वे उनके हम सोच हैं, सभी उनके कायल, वे सबके दोस्त...और आलोचक की हैसियत से साहित्य को परखते समय कला के निकष सर्वोपरि। साहित्य कहलाने के लिए लेखन को पहले साहित्य की कसौटी पर खरा उतरना होगा...विचार बाद में। मुश्किल से यह जाना जाता था कि सत्यप्रकाश किस विचारधारा के हैं...और सब अपनी-अपनी तरह से ही जान पाते थे। बहुत महीन छानने पर मुझे दिखा कि ये तो बी.ए. में मेरे गुरु, डॉ. विजयदेव नारायण साही की परम्परा के हैं...लोहिया के आसपास, खुला चिन्तन...और ईमानदारी वह कि लोहियावादी हैं तो जीवन में भी संग्रह से कोसों दूर। विचारधारा पहले आपके अपने जीवन में तो झलके। सत्यप्रकाश का बड़प्पन यह कि मुक्त-सोच और अ-संग्रह ....दोनों में से किसी का भी ढिंढोरा पीटते वे कभी नज़र नहीं आये, जब कि उनके जीवन को देखा जाये तो उनकी चलती-फिरती मूर्ति थे वे।

मुम्बई चैक करवाने गये तो मेरा यह आग्रह तो मान गये कि मैं उनके वहाँ

ठहरने की व्यवस्था करा दूँ, लेकिन इलाज....फोन पर बातचीत होती तो हमेशा यही जवाब–जाँच में सब ठीक पाया गया। यह भी उनकी बुनावट का वही हिस्सा जहाँ अपने लिए कुछ भी कराना उन्हें भारी लगता था। अब सुनने में आया कि अपनी सही बीमारी उन्होंने परिवार-जनों से भी छिपायी। हाल जो फिर चैकअप कराने जाना था वह टाल गये। कितनों को इसी खुशफ़हमी में रखा कि ठीक हो रहे हैं।

जबर्दस्त टीस उठती है भीतर कि काश यह शख्स थोड़ा स्वार्थी होता। तब मेरी इस स्थापना को बल तो न मिलता कि कलयुग में पृथ्वी पर शुद्ध आत्माएँ अधिक दिन नहीं रहतीं, दुष्टात्माएँ यहाँ से टाले नहीं टलतीं।

इलाहाबाद–जहाँ सत्यप्रकाश ने मेरे लिए एक पूरी-की-पूरी दुनिया बिछा रखी होती, नयी दुनिया–उसने किवाड़ बन्द कर लिये हैं, सत्यप्रकाश को भीतर कर। सत्यप्रकाश तो गया, इलाहाबाद भी गया।

न ईर्ष्याभाव न हीनग्रन्थि : सत्येन कुमार

न्यूयॉर्क : विश्व हिन्दी सम्मेलन में आया हूँ। मिलेनियम होटल की खिड़की से सामने हडसन नदी; उस पर एक पुल सामने, पीछे एक और पुल और दोनों तरफ बिखरे न्यूयॉर्क शहर की रोशनियाँ दिखाई पड़ती हैं। सुबह के तीन बजे। कमरे में मैं, नीचे बिखरा शहर। रोशनियाँ मद्धिम...सबकुछ शान्त है, शोर-गुल वाले इस शहर में कोई आवाज़ भी नहीं इस वक्त। नदी सोयी पड़ी है...

और मुझे 'नदी को याद नहीं' की याद आ रही है। लेखक—सत्येन कुमार। वैसी ही चमकती रोशनी वाला जैसे नदी के ये पुल रात के पहले प्रहर चमकते हैं, और अब वैसी ही मद्धिम रोशनी में स्थिर जैसे कि ये पुल अब। और 'नदी को याद नहीं' की नायिका की तरह सोई पड़ी यह नदी अब...।

गर्दन ऊँची करके आस-पास देखने का उसका अन्दाज...जिससे लोगों को उसके अकड़ और ठाकुराना मिज़ाज का होने का भ्रम अक्सर हो बैठता था, ज़र्दे के पान की सुर्खी और चेहरे को और गोरा बनाती हुई...यहाँ तक कि आकर्षक भी, महफिलों और मंचों से मौजूदा साहित्यिक माहौल पर अपनी झुँझलाहट और दो टूक लहजे में अपनी राय प्रकट करता सत्येन...सब याद आते हैं। जब से मैं भोपाल पहुँचा सत्येन को एक बात कहते हुए बार-बार सुनता था—मैं तो शौकिया लेखक हूँ। मैं एक दो बार उनसे भिड़ा भी कि अगर तुम्हारा आशय प्रोफेशनल से भिन्न क़िस्म के लेखक से है तो आज कम-से-कम हिन्दी में तो मुझे कोई ऐसा लेखक नज़र नहीं आता जो अपनी जीविका लेखन से चला लेता हो। कभी वह कहता कि वह रेगुलर नहीं लिखता इसलिए...तो मेरी दलील होती कि मैं भी हफ़्तों-महीनों नहीं लिखता...पर मैं स्वयं को शौकिया कहने में हिचकूँगा। शौक से बहुत-बहुत गहरी चीज़ है लेखन। दरअसल इस मसले पर सत्येन खुद साफ़ नहीं था। हो सकता है हिन्दी लेखन के मौजूदा माहौल से खुद को अलग रखने के लिए उसने अपने पर ये शब्द—'शौकिया' चस्पाँ कर लिया हो...

वह आदमी जो कभी अपने से बाहर भी साहित्यिक लेखन का माहौल बनाये रखने के लिए 'कहानियाँ' पत्रिका निकालता है, उन दिनों जब पत्रिकाओं का अकाल एकाएक पड़ गया था (आज जैसी उम्दा फ़सल नहीं था) वह उससे आख़िरी सालों

में बड़ी शालीनता से दूर हो गया था, जैसे नदी बस्ती की गन्दगी वाला किनारा छोड़, दूसरे किनारे पर बहने लगती है। शालीनता से ही उसने शौकिया शब्द चस्पाँ कर खुद को अलग कर लिया था...

क्योंकि वह अलग था। जिन छोटे-छोटे फ़ायदों के लिए लेखक दौड़ते फिरते दिखाई देते हैं...सत्येन को उस तरह कभी नहीं देखा। राजनेताओं, प्रशासकों से फ़ायदा उठाने की सोचना तो दूर, उनकी चौंध या कि ग्लैमर को ही उपेक्षा की नज़रों से देखता हुआ। सेमिनारों, पुरस्कारों, कोर्स में अपनी किताबों को लगवाने–किसी भी तरह के फ़ायदे के लिए अपने लेखक होने का इस्तेमाल करने से कोसों दूर। ग्लैमर अगर उसे आकर्षित करता था तो जैसे 'नदी को याद नहीं' की नायिका के व्यक्तित्व का ग्लैमर। सचमुच के लेखक की तरह मजबूत रीढ़ की हड्डी वाला–गंगा गये गंगादास, जमुना गये जमुनादास वाला चक्कर नहीं, हाथ की सीधी और मजबूत चाल। उसके कितने समकालीन आज चर्चित हो गये...पर सत्येन को न कोई ईर्ष्याभाव न कोई हीनग्रन्थि। यहाँ तक कि प्रायोजित समीक्षाओं के भी हमेशा ख़िलाफ़। उसने चर्चित रहने के कभी कोई हथकंडे नहीं अपनाये।

'नदी को याद नहीं' की नायिका भारतीय परिप्रेक्ष्य में हर दृष्टि से घृणित, अति समृद्ध वर्ग की, शराब की शौकीन, पति होते हुए भी अन्यों से सम्बन्ध...यानी व्यभिचारिणी...ऐसे पात्र को वह बना देना कि पाठक उन लोगों से ईर्ष्या करने लगे जिनके साथ वह शराब पीती है, उसे प्यार करने का मन करने लगे, उस पात्र को रिजैक्ट करने के ऊपर उस जीव की उस जटिलता में प्रवेश करना जिसे लेकर वह संसार में आयी थी...और उस दम्पती के जीवन सम्बन्धी प्रश्नों से जूझना। यह सब सत्येन ही कर सकता था। इसके लिए नयी भाषा की तलाश करनी थी, जो सत्येन ने किया। अगर 'छुट्टी का दिन' की भाषा छुट्टियों जैसी कुछ-कुछ आरामतलब है जो 'नदी को याद नहीं' की भाषा ऐसी जैसे कटी नस से ख़ून रिस रहा हो...बन्द ही न हो पा रहा हो।

बेकार शब्दों को खर्च करने में विश्वास नहीं था सत्येन का। पत्रिका बैठ गयी, प्रेस नहीं चली तो चुपचाप मुदर्रिसी में चला गया, लेखन को कमाई का ज़रिया बनाने की बजाय अपने आपको शौकिया भले ही कहता फिरता हो, पीछे उसके लेखन का क्रम जारी रहता था। तीसरे उपन्यास पर चुपचाप काम कर रहा था।

रोशनियाँ मद्धिम हैं...पर स्थिर हैं। उन्हें मन में उतारो यार क्योंकि सत्येन जैसे एक-एक कर चले जा रहे हैं।

कुछ ज्यादा ही साफ : गिरिराज किशोर

उन दिनों जब बतर्ज़ नयी कहानी–साठोत्तरी कहानी में ज्ञानरंजन, दूधनाथसिंह और काशीनाथ सिंह को उछालकर प्रतिष्ठित किया जा रहा था, इलाहाबाद–जो उस प्रचार-अन्धड़ का उत्स था–से ही शैलेश मटियानी ने लगभग भविष्यवाणी करते हुए कहा था, कि उपन्यास में गिरिराज किशोर और गोविन्द मिश्र ही दूर तक जाएँगे। उस बात की पुष्टि उन्होंने अपने अन्तिम आलोचनात्मक लेख 'कहु रहीम कैसे निभै' (फूल...इमारतें और बन्दर की समीक्षा) में भी की–फिर 'लाल पीली ज़मीन' को मात्र तिहाई पढ़ने पर भी यह भविष्यवाणी कर दी थी कि "गिरिराज किशोर और गोविन्द मिश्र, ये अपनी पीढ़ी के सर्वश्रेष्ठ लेखक बनेंगे। खासतौर पर उपन्यासकार।" शैलेश मटियानी अपने से एकदम उलट समय में सिर से पाँव तक लेखकीय ईमानदारी की चलती-फिरती तसवीर थे। उन्होंने बातचीत में कई बार अपनी उस भविष्यवाणी का आधार बताया था–'लोगों की भाषा में उसकी ईमानदारी, संवेदना की गहराई, चेतना की ऊँचाई–ये सब झलक जाते हैं। यहाँ तक कि किसी लेखक का नैतिक स्खलन/पतन भी सबसे पहले उसकी भाषा में दिखाई देने लगता है। चेतना की जिस ऊँचाई पर हम एक रचना में पहुँच लेते हैं, उस पर हमेशा बने रहना सम्भव नहीं होता, लेकिन ईमानदारी और संवेदना की गहराई बनी रहनी चाहिए। इनके बिना लम्बे समय तक किसी पीड़ा को धारण किये रहना–जिससे उपन्यास जन्मता है–वह सम्भव नहीं हो पाता।' अधिकारी की हैसियत में गिरिराज किशोर या कि मेरा आचरण कैसा है इसे जानने के लिए शैलेश मटियानी को किसी से या हमसे ही कुछ सुनने की ज़रूरत नहीं होती थी। वह हमारे ताजे लेखन की भाषा से जान लेते थे...जैसे नब्ज़ पर हाथ रखने से दिल का हाल मालूम हो जाता है। गिरिराज और मैं दोनों अज्ञेय जी के करीब रहे, जबकि शैलेश मटियानी की उनसे दूरी थी...लेकिन हमारे लेखन के बारे में शैलेश जी की धारणा वही बनी रही।

शैलेश मटियानी की वह भविष्यवाणी मुझे गिरिराज के करीब लायी, जब कि तब मैं गिरिराज को ठीक से जानता भी नहीं था। गुरुभाई होने वाली भावना पनपती चली गयी...हालाँकि न तो शैलेश मटियानी, न अज्ञेय ही उस मायने में हमारे गुरु

थे, ये लोग वैसी मुद्रा अपनाते भी नहीं थे। अज्ञेय जी के वृन्दावन वाले लेखक-शिविर से लौटते में गिरिराज और मैं साथ थे, दिल्ली में हम साथ रहे...गिरिराज के किसी रिश्तेदार के घर, वसन्त विहार में। तब पहली बार मैंने देखा कि यह शख्स भीतर दूर-दूर तक कितना साफ था। जहाँ ईमानदारी के लिए मेरा संघर्ष अपने को साफ रखने तक ही सीमित रह जाता है, गिरिराज बाकायदे जंग लड़ते हैं...प्रकृति की गिरिराज को वह देन मिली हुई है कि वे कोई काम करते हुए बेईमान—वह तो खैर बड़ा शब्द है—गैर ईमानदार हो ही नहीं सकते। यह वह भूमि थी जो हमारे पारस्परिक प्रेम की आधारभूमि बनी क्योंकि यह वह नस्ल है जो लुप्त प्राय होती जा रही है। बेशक यहाँ मैं गिरिराज से उन्नीस क्या अठारह/सत्रह ही बैठूँगा क्योंकि बात-बात में वह जो लोहिया या उत्तर प्रदेश के भूतपूर्व मुख्य मन्त्री, अविवाहित फक्कड़ श्री सी.बी. गुप्ता—ईमानदारी के जिनके किस्से जब कॉलेज में हम पढ़ते थे तब गली-गली में वैसे ही फैले हुए थे, जैसे आज भ्रष्ट मन्त्रियों के फैले होते हैं—उनके चर्चे करने लगते हैं...यह अकारण नहीं है। लड़ाई अगर कचहरी तक जाती है तो जाये। आई.आई.टी. कानपुर में उनकी संघर्ष गाथा अगर किसी लेखक की उस किस्म की संघर्ष गाथा से उन्नीस बैठती है तो फिर वही शैलेश मटियानी से जो...अकिंचन होते हुए भी ताल ठोंककर मैदान में उतर जाते थे।

उस ठोस आधार-भूमि के बाद फिर हमारी विभिन्नताएँ ही विभिन्नताएँ हैं... लेकिन वे उस आधार-भूमि की वजह से वितृष्ण पैदा करने के बजाय गिरिराज के लिए मेरे प्रेम को बढ़ाती ही रही...जैसा विपरीत गुणों का आकर्षण प्रेम में करता है। गिरिराज योगी...मैं भोगी। उनके यहाँ परहेज ही परहेज, मेरे यहाँ हर चीज को भोगने की प्रवृत्ति। गिरिराज स्वयं को अनुशासन में कसकर बाँधे हुए, मैं अनुशासन विहीन लगभग उच्छृंखल। गिरिराज रोज नहा-धोकर पूजा-पाठ से निवृत्त हो आसन लगाकर लेखन में बैठ जाने वाले, वहाँ मैं दिनों-दिन लिखने से दूर, अलबत्ता जब लिखने पर आये तो लगातार दस-दस घण्टे। गिरिराज चौबीसों घण्टे लेखक, मैं व्यक्ति... और उस हैसियत से जीने पर अधिक जोर देने वाला। आदमी-औरतों की दुनिया को गिरिराज थोड़ा दूर से देखने वाले, जब कि मैं गोता लगाने वाला, लोगों से सटसट जाने वाला, उनसे सम्बन्ध बना लेने वाला...उस प्रक्रिया में ज्यादा तकलीफ उठाने को अभिशप्त। फलतः जहाँ गिरिराज के उपन्यास- लेखन में एकान्त के कोने कम इतिहास या समय का फैलाव अधिक है, मेरे यहाँ उलटा है। 'जुगलबन्दी' और 'ढाई घर' मेरे प्रिय उपन्यास हैं, जिनमें हमारे देश का निकट अतीत गिरिराज के बचपन की प्रामाणिकता लेकर साकार हुआ है। आई.आई.टी. के प्रशासन से भरपेट चोट खाने के बाद भी गिरिराज तन्त्र के मकड़जाल में जा फँसते हैं और फिर रोते हैं.. .जैसे इन दिनों साहित्य अकादेमी में, जबकि मैं...एक बार छुटकारा पाकर भागा तो अब दूर से ही दुर्गन्ध आने लगती है। पब्लिक सर्विस कमीशन जैसी संस्थाएँ इंटर्व्यू

वगैरह लेने को अगर बुलाये तब भी गन्धाने लगते हैं—वे इमारतें, वे लोग और मैं स्वयं। शायद मैं पलायनवादी हूँ, गिरिराज जाकर चीज़ों को ठीक करना न सही... उनका मटमैला रंग उतारना चाहते हैं, भले ही थोड़ी देर को सही, लेकिन वे ये नहीं समझते कि इसके लिए वे जरूरत से ज्यादा साफ हैं। गिरिराज जैसे को गच्ची देना शातिर लोगों के बायें हाथ का खेल है।

लोगों की शिकायत है कि गिरिराज जरूरत से ज्यादा लिखते रहे हैं, अब भी उनका सम्पादकीय तक एक-दो पेजों में नहीं अँटता। इस कारण उनका अधिकांश लेखन औसत के नीचे न भी आये, तो बहुत ऊपर भी नहीं उठता। गिरिराज का कहना है कि मास्टरपीस के इन्तजार में बैठे रहने से तो मास्टरपीस आने से रहा, अगर आना है तो इसी में से आ जायेगा। उनके उस कहने में दम है। खुद को लेखन के क्रम में बनाये रखना भले ही वह रोज़ आसन जमाकर बैठने से ही क्यों न हो? बेहद जरूरी है...वर्ना ज्ञानरंजन—जो एक सम्पादकीय भी नहीं लिख पाते, या काशीनाथ सिंह जिन्हें संस्मरणों की गठरी को उपन्यास कहकर चलाना पड़ता है...यह हो जायेगा। सतत लेखन के उम्दा उदाहरण हैं गिरिराज...और यह सिर्फ आसन में बैठने की बात नहीं है। तन्त्रीय या सियासतीय दलदल भले ही गिरिराज को खींच ले जाते हों, उनकी बड़ी वरीयताओं में लेखन हमेशा ही सर्वोपरि रहा है पारिवारिक संकट. ..यहाँ तक कि आर्थिक संकट उनके यहाँ कम नहीं रहे...लेकिन उन्हें भी गिरिराज ने बड़े ही तटस्थ भाव से लिया। मुझे याद नहीं पड़ता कभी उन्होंने अपने पारिवारिक संकटों की बातें मुझसे की हों, हमेशा लेखकीय सरोकारों की बातें, ज्यादा वही चिन्ताएँ, जो लेखक की होनी चाहिए।

मुझे पता नहीं हमारे लिखे का कितना प्रभाव समाज या पाठकों पर पड़ता है। अकसर सोचता हूँ, कि जो लेखक लिखे उसका प्रभाव उस लेखक पर तो पड़ना चाहिए, कम-से-कम। लिखने के अलावा सामग्री जुटाने में भी गिरिराज कितनी मेहनत करते हैं, यह देखने को मिला जब वे 'पहला गिरमिटिया' की तैयारी कर रहे थे...और उपन्यास आने के बाद उसका गिरिराज पर असर कितना हुआ...यह भी देखने को मिला। उन पर गाँधी जी का यह प्रभाव पहले नहीं था। अब सादगी बाहर भी अधिक है और भीतर तो पूरी दूर तक दिखाई दे जाती है। भँवरें उनके व्यक्तित्व में पहले भी नहीं थीं, लेकिन अब सादगी में सब कुछ लिपटकर जैसे पारदर्शी हो गया है।

मुझ जैसे लोग अकसर 'जाने भी दो यारो' कहकर किसी अनुचित बात के बगल से सरक जायेंगे। गिरिराज नहीं—वे ज़रूर प्रतिकार करेंगे और खड़े होकर करेंगे। ऐसे में उनका चेहरा हलका लाल हो जाता है, नथुने फूल जाते हैं। प्रतिकार का आग्रह उनमें पहले से ही है, गाँधी जी को पाकर और गँस गया है। अज्ञेय और शैलेश मटियानी दोनों के करीबी थे, तो गिरिराज ने शालीनता पर अक्खड़पन का रंग चढ़ाये

रखा है। सच को सफाई और साहस से सही मौके पर बोल देने वाले कम रह गये हैं। इसके लिए गिरिराज अपनी जेब में इस्तीफ़ा हमेशा तैयार रखते हैं...जहाँ कहीं भी वे गये हों। ...और वहाँ वे पहुँचे ज़रूर होते हैं, क्योंकि उसके लिए उनके मन में कमजोरी होती है।

लेखक में जो-जो अच्छा होना चाहिए वह गिरिराज में मिल जायेगा...पर लेखक में कुछ बुरा भी होना चाहिए...और वह गिरिराज में नहीं मिलेगा। उनके लेखकीय व्यक्तित्व...और इसलिए साहित्य में भी बकौल फ़िराक़ जो 'एक कमी-सी है...वह कमी क्या हैं मियाँ।' (फ़िराक़ के शेर में है—वह कमी बहुत हैं मियां।) दोस्तोव्स्की जुआरी न होते तो गैम्बलर लिख पाते? थोड़े बुरे न होते तो डिमिट्री (ब्रदर्स कोरोमोजोव) की गहराइयों में जा पाते, काफ्का अगर दफ्तर में बुझे-बुझे न बैठे रहे होते तो 'मेटामोरफोसिस' की फैंटेसी तक पहुँचते? अब यह हमारे हाथ में नहीं होता कि हम खुद को क्या और कैसे बना लें। प्रकृति हमें गढ़ चुकी होती है और स्वभाव में उतरने से ही तो हम लिख पाते हैं...तो हम जैसे थे, उसी के इर्द-गिर्द गँसते चलते जाते हैं, थोड़े बहुत परिवर्तन जो होते हैं वे भी उसी के आस-पास ही। तो गिरिराज क्या किसी से कोई शिकायत नहीं की जा सकती। गिरिराज को यह श्रेय देना होगा कि उन्होंने अपनी प्रकृति से उलटे भी कितने पात्रों की सृष्टि की, उन पात्रों के बड़े ही प्रामाणिक ब्योरे दिये। परकाया प्रवेश में ऐसी सफलता के लिए भी गिरिराज के व्यक्तित्व को ही श्रेय जाता है—सीधा-सादा, साफ-सुथरा...जिसमें पेंच हैं ही नहीं, विचारधारा भी नहीं, इसलिए गिरिराज अपने पात्रों पर खुद को लादते नहीं पाये जायेंगे।

दरअसल दुनिया या समय जो आज हैं...ये गिरिराज जैसे साफ व्यक्ति के लिए बहुत गन्दे हैं। इसीलिए एक भी बुरी आदत न होने पर भी दिल के रोग ने गिरिराज को पकड़ लिया। 'पहला गिरमिटिया' के रास्ते गाँधी जी का साथ जो गहराया तो गाँधी के तीन बन्दरों में से एक गिरिराज उठा लाये। समय से बहुत पहले वे ऊँचा सुनने लगे हैं—सुनने को जब बुरा-ही-बुरा बचा है। लेखक हैं तो आँखों को तो बन्द कर नहीं सकते...बुरा देखते चलना है और उसी में से लेखन आना है। यह एक जबर्दस्त प्रतीति है कि अपने एक घनिष्ठ की तरह न लिखने का कारण ढूँढ़ने की नौबत गिरिराज के यहाँ कभी नहीं आने वाली। गिरिराज ने सतत अभ्यास और तप से खुद को ऐसा ढाल लिया है कि उस लक्जरी (न लिखने की) से, जैसे कि दूसरी बुराइयों से वे स्वभावतः ही दूर रह लेंगे।

थोड़ा झुक आया है वृक्ष : बल्लभ सिद्धार्थ

यह शख्स...वल्लभ कठैल, उर्फ बल्लभ सिद्धार्थ, साकिन तहसील मऊरानीपुर, जिला झाँसी...अव्वल दर्जे का काहिल...यो कि सालों मऊरानीपुर से बाहर न निकलेगा। बहुत हुआ तो स्टेशन के पास से बस में लटककर गरौठा (मऊरानीपुर से बीस-बाईस किलोमीटर दूर) हो आयेगा। वहाँ पुश्तैनी मन्दिर में पड़ा रहेगा। लौटकर फिर मऊरानीपुर में बन्द...जो हिन्दुस्तान में थोड़ा बहुत कुछ घूमा तो पत्नी को तीर्थ कराने के लिए, जो एक बार भी हवाई जहाज में नहीं चढ़ा, सत्तर की उम्र में भी जो भोपाल से झाँसी तक रेल के जनरल डिब्बे में संडास के पास खड़े चला जायेगा...घोर अव्यावहारिक! चोले को खींचने के लिए दिन भर पत्ते की तम्बाकू, अपराह्न में शतरंज और शाम को रम, गटक स्टाइल में। जो एक ज़माने में इलाहाबाद विश्वविद्यालय(आक्सफर्ड आफ द ईस्ट) का दर्शनशास्त्र का एम.ए., अपने होस्टल का बैडमिंटन का चैम्पियन था और ...जी हाँ...दर्शनीय भी। चाहें तो मऊरानीपुर वाले घर में हज़रत की तिरछी मुद्रा में धूप का चश्मा लगाये, हीरोकट वाली फोटो, मढ़ी और करीने में रखी हुई देख आइये। मोहब्बत के किस्से उसके भीतर ऐसे छिपे बैठे हैं जैसे देह में आत्मा-(निहित गुहयाम्!), झलक रूप–एक नारी की फोटो पर माला पिन्हाये हुए, जो बरामदे से सटे उसके पढ़ने के कमरे में रखी है।...वह कौन? ब्रह्म की तरह जाना नहीं जा सकता–'न चक्षुसा गृह्यते, नाऽपि वाचा, नान्यैर्देवैस्तपसा कर्मणा वा'...

तुम ये खँडहर कैसे हो गये...

अच्छे खासे पैसेवाले होने के बावजूद घरचिपकू कैसे रहे गये

प्रकृति से जिसे सब कुछ मिला था...वह दुःख के पारावार में धँसता चला जाता है...नीचे, और नीचे...

बल्लभ का तकियाकलाम है–तुम कल्पना नहीं कर सकते, तुम कौन समझ सकते हो!

अच्छा मैं नहीं तो तुम ...तुम जिसे आज आसानी से हिन्दी के उन पाँच-छह साहित्यकारों में रखा जा सकता है जिन्होंने संसार का श्रेष्ठ साहित्य पढ़ा है...और वह सिर्फ सम्पादकीय लिखने के लिए नहीं। जो पढ़ते हुए, दिनोदिन, महीनों

एक-एक पंक्ति पर ऐसे बैठा रहता है जैसे कबूतरी अपने अण्डों पर, जिसने क्लासिक्स का हिन्दी में अनुवाद करते हुए उनकी उन-उन चीज़ों को पकड़ा है, उन पर विस्मित हुआ है...जो उन्हें सैकड़ों साल बाद आज भी पढ़वाती हैं...

वल्लभ! तुम तो समझते...? तुम आज जिस अन्धकार में आ गिरे हो, कहीं यह वह अन्धकार तो नहीं जिसे उपनिषदों ने विद्या का अन्धकार कहा है—

"अन्धं तमः प्रविशन्तिये अविद्यापुमासते।
ततो भूय इव ते तमो य उ विद्यायरतः॥"

अविद्या तो अन्धकार है ही, उससे बड़े अन्धकार में वे हैं जो विद्या में रत हैं।

तुम कौन समझ सकते हो—'विद्या' के पार वह हँसता है।

शायद वह सही है, वर्ना एक दूसरे की असंख्य चीज़ों को नापसन्द करने वाले हम दोनों जब मिलने पर गले लगते हैं तो कैसी ठण्डी शान्ति में उतरते चले जाते हैं...यह क्या है, कौन-सा रहस्य इसके पीछे? वह जो तमाम प्रतिकूल परिस्थितियों के बीच एक आम कठैठ भारतीय की तरह खड़ा है, अपनी गाड़ी खींच रहा है...तो पीछे कोई रोशनी तो है...वह उस फोटो की हो जिस पर उसने माला पिन्हा रखी है या उस पढ़ाई की जिसने उसके हाथ साहित्य की वह जबर्दस्त समझ पकड़ायी जिसमें कि उसकी अपनी सर्जनात्मकता ही सूख गयी...या साहित्य के सत्त्व की रोशनी...कौन-सी चीज़ है! वल्लभ पुनरावृत्ति की परवाह किये बगैर बार-बार मुझे बड़े कवि की ये पंक्तियाँ भेजता है—

"इविन इन चेन्स
वी मस्ट कम्पलीट द सर्कल
दैट गॉड ऑर्डेन्ट फौर अस..."

यह आस्था, आस्था की यह शक्ति साहित्य से उस तक पहुँचती हुई। मऊरानीपुर में एक किनारे पड़े हुए वह बड़े शहरों के लेखकों की उछलकूद देखकर हँसता है, वे जो साहित्येतर तरकीबों से अपने आपको चर्चित, प्रतिष्ठित, वरिष्ठ क्या-क्या बनवाते रहते हैं पर जो असल में है सिर्फ उच्छिष्ट! वे सब उसे साहित्य के मर्म से कोसों दूर लगते हैं। लोगों को लगता है वल्लभ उपेक्षित पड़ा है, लेकिन वल्लभ उन सबको उपेक्षा की नज़रों से देखता है। मुझे ताज्जुब होता है कि वल्लभ की आँखों के सामने दोकौड़िये प्रसिद्ध लेखक बन गये, वल्लभ विस्मृति में जाते रहे...लेकिन उसके अन्दर कोई ईर्ष्या-द्वेष, कोई कुण्ठा नहीं। मैंने उससे बाद में लिखना शुरू किया, उससे ज्यादा चर्चित हो गया, उससे अधिक लिख गया...पर उसमें प्रतियोगिता की कोई भावना नहीं। मेरे अच्छे लिखे पर वैसे ही तृप्त जैसे खुद उसका लिखा हो, खराब पर टिप्पणी 'तुम्हें प्रकाशित करने की जल्दी रहती है, तुम्हें इस पर थोड़ी और मेहनत करना चाहिए थी।' मैं इस कुण्ठा विहीनता पर ताज्जुब

करता तभी उसने गोगोल की कहानी 'तस्वीर' का अनुवाद 'अक्षरा' में छापने के लिए मुझे पकड़ा दी। उस कहानी में है कला का मर्म क्या है और असली कलाकार अपनी कलात्मकता को कैसे बचाये रखता है, जिसमें ईर्ष्या-द्वेष, लालच, कुण्ठा...प्रतिष्ठा की भूख, प्रतियोगिता की तड़प किसी के लिए दुर्भावना ...इनमें से कोई हो—वह असल में साहित्यकार (कहानी में चित्रकार है) बन ही नहीं सकता। हर नये रचनाकार को यह कहानी पढ़ना चाहिए।

कुण्ठा से दूर, अपने लिखे पर विश्वास है उसे। 'कठघरे' उपन्यास पर उसने दस साल से ज्यादा काम किया, एक-एक पंक्ति को सौ-सौ बार माँजा...वैसी चर्चा नहीं हुई जैसी लोग करा ले जाते हैं...उस पर हताश होने की बजाय वह भवभूति का श्लोक याद दिलाता है—

उत्पस्यते कोऽपि समान धर्मा
कालो हि निरवधिः, विपुला जा पृथ्वी।

वल्लभ अगर अपने साहित्य के समुचित मूल्यांकन के लिए समानधर्मा, निरवधि काल और विपुला पृथ्वी की तरफ तकते हैं तो उनके लेखन में भी काल और इतिहास की उपस्थिति महसूस होती है। 'कठघरे' जैसे छोटे कलेवर के उपन्यास में इतिहास जिस तरह बैठा है, समकालीन यथार्थ जिस तरह दर्ज है और दोनों को जिस कलात्मकता के साथ लाँघा गया है, वह देखने की चीज़ है। वल्लभ ने यह क्लासिक्स से सीखा है कि लेखन में एक शब्द भी अनर्गल नहीं होना चाहिए। इसीलिए जब उसे लगा कि सर्जनात्मक लेखन उससे छिटक गया है, सिर्फ चर्चा में बने रहने के लिए शब्दजाली करना अनैतिकता होगी तो बड़ी खामोशी से वह क्लासिक्स के अनुवाद में सरक गया। अनुवाद अपने आप में सर्जनात्मक है, यह वल्लभ को अनुवाद करते देखने और उसके अनुवाद (भले ही कृति आपकी खूब परिचित हो) को पढ़ने से पता चल जाता है। जो उससे भी महत्त्वपूर्ण बात है वह यह है कि अनुवाद करना वल्लभ का कृति विशेष में गहरे उतर अपने जीवन में कुछ जोड़ते चलने का उपक्रम भी है।

वल्लभ का काहिल होकर पड़े रहना, परिवार के प्रति इतना समर्पित हो जाना कि वह जो आपका शोषण कर रहा है वह भी न दिखाई दे, आप उसकी खातिर तैश में आकर अपनी लिखी-अधलिखी रचनाओं/महत्त्वपूर्ण सामग्री को भी घर के आँगन में जला दें, इस कदर अव्यावहारिक होना कि कोई अगर आप पर लिखना चाहे तो भी उसे आपमें उदासीनता के अतिरिक्त कुछ न मिले, परिवार से अलग नितान्त अपने लिए कोई स्पेस न छोड़ना, नये अनुभवों के आने के लिए कोई रास्ता न अपनाना...कुल मिलाकर स्वयं को होम कर देना...और परिवार भी आखिर में जो

दोलत्तियाँ लगाता है! नारी के शोषण की बात बहुत आम है...लेकिन भारतीय नारियाँ जो शोषण करती हैं—अधिकतर? परिवार को आगे कर उसकी बात नहीं की जाती कि लोग आपको अनाधुनिक मान बैठेंगे...वर्ना पत्नियों/परिवारों ने कितने साहित्यकार कैसे पीस डाले—एक शोधग्रन्थ तैयार हो सकता है।

पर उदासी-बाबा वह नहीं है जो कि दिखता है...क्योंकि अब भी उसकी आस्था एक नहीं तीन-तीन चीज़ों में है—प्रेम (दो व्यक्तियों का पारस्परिक गहरा सम्बन्ध) करुणा (मानव के भी पार ब्रह्माण्ड के हर जीव से सम्बन्ध) और साहित्य (मनुष्य और संसार की नश्वरता को नकारने वाले स्वर से सम्बन्ध)। अकसर मुझे लगता है कि यह आदमी जो बाहर से असफल दिखता है उसकी पकड़ में वे चीज़ें आ गयी हैं जो जीवन में असल हैं, अनर्गल अपने आप उसके हाथों से झर गया। जाहिर है यह सब एक ही रास्ते से आता था—दुःख। किस तरह का दुःख है जो इसे चीरता हुआ नहीं निकला। आपत्काल खत्म होने के बाद कितने साहित्यकारों ने ऐलान किया कि उन्होंने आपत्काल का विरोध किया था, उन्होंने भी जिन्होंने घोषित/अघोषित समर्थन का प्रसाद पाया... लेकिन जेल जाने वालों में एक वल्लभ का ही नाम सुना...कुछ और भी होंगे, उससे अधिक अनाम, कहीं कोने में बैठे हुए। जेल जाने का हो-हल्ला नहीं मचाया...आत्म-मरोड़न, कहानी 'ब्लैक आउट' में उतारकर रख दी। अपने ही घर में बेटे की आत्महत्या, 22 वर्षीया विधवा बहू को आत्मनिर्भर बनाना और फिर उसकी भी कृतघ्नता ...और भी कितने दुःख जिनका सिर्फ अन्दाज़ होता है, क्योंकि वल्लभ उनके बारे में कम बात करता है। जैसे मैं अपने हिस्से के दुःखों को लिखकर उनसे छुटकारा पाता गया, वल्लभ को वह भी नसीब नहीं...'रुसवाइयों से डरता हूँ।' ...शायद वह भी उतना नहीं जितना यह कि अपने दुःखों को सरेआम क्यों किया जाय, उन्हें चुपचाप भीतर आदर से क्यों न बिठा रखा जाये...

उसे देखता हूँ तो एक वृक्ष दिखाई देता है, जिस पर अब फूल क्या, शायद पत्ते भी नहीं आने वाले...अपनी सूनी डगालें लिए खड़ा है, थोड़ा झुक आया है. ..पर खड़ा है, अपनी जड़ों से चिपका, ताकत के लिए उन्हीं को और-और टटोलता । शैलेश मटियानी जैसे विक्षिप्त हो गये, एक और—स्वदेश दीपक घर छोड़कर चले गये, अनाम संसार में खो जाने के लिए...लेकिन वल्लभ उन घायल योद्धाओं में से हैं जो रणक्षेत्र छोड़कर भागने वालों में नहीं, (महाभारत के पात्रों पर एक लेख है उसका)

वल्लभ कभी बार-बार मुझे चेखव के एक पात्र का यह 'डायलाग' सुनाया करता था—

"Now I know Kostia, I realize that what matters in our profession, whether we act or write, is not fame, not glory, not the things I used to dream about but the capacity to endure, to bear your cross and have faith."

(अब मुझे मालूम हुआ कोस्त्या। मैं महसूस करता हूँ कि अपने पेशे में चाहे हम अभिनेता हों या लेखक—महत्त्वपूर्ण यश-प्रसिद्धि नहीं, वे चीज़ें भी नहीं जिनके सपने हम देखते थे; महत्त्वपूर्ण है सहने की हमारी शक्ति, अपनी नियति को ढोना और फिर भी जीवन में विश्वास बनाये रखना)

वल्लभ इसे जी रहा है।

सोल्झेनित्सिन : एक योद्धा साहित्यकार

सोल्झेनित्सिन जब रूस में थे और उन्हें नकारा जा रहा था या जब वे निष्कासित हो विदेश में रह रहे थे, तब उनकी उपस्थिति रूस में अधिक थी, अधिक प्रभावशाली ...बनिस्पत बाद के दिनों जब निष्कासन की समाप्ति पर वे रूस में फिर आकर रहने लगे। '1996' में जब मैं रूस गया था तब वहाँ पश्चिमी उपभोक्तावाद का प्रवेश तेजी से होने लगा था...और सोल्झेनित्सिन इसके विरोधी थे...पर तब वे वहाँ होते हुए भी करीब-करीब अनुपस्थित थे, दीगर चीज़ों की तरह एक किनारे पड़े हुए।

इसे क्या कहा जायेगा...काल प्रधानम्? हाँ, समय अब दूसरा था। ज़ार को हटाकर सत्तारूढ़ होने वाली तब की कम्यूनिस्ट पार्टी, उसकी ज़ार जैसी ही तानाशाही, वैसी ही दमन क्रिया शायद और भयावह (इसलिए भी कि उसने पृथ्वी पर स्वर्ग लाने के सब्ज़बाग दिखाये थे), उस वक्त के लेखक संघ (जिनमें सत्ता के एजेण्ट ही लेखक के नाम से होते थे)...ये सब नहीं थे। सत्ता का रूप बदल गया था, दमन के तरीके दूसरे हो गये थे। अधिकांश देशों में सत्ता के अब करीब-करीब एक जैसे तन्त्र और दमन तन्त्र हैं। जिन लोगों के हाथों में समाज या देश के लिए कारगर निर्णय लेने के अधिकार हैं, वे अधिकांशतः उस समाज के अपढ़ और निकृष्ट लोग होते हैं। अपने देश में तो बाक़ायदे सत्ता को ऊपरी कमाई का माध्यम मानने वाले भ्रष्ट, यहाँ तक कि अपराधी-रिकार्ड वाले लोग हैं। उन्हें तो अपने जीते जी अपनी मूर्तियाँ खड़ी करने में भी शर्म नहीं आती।

तो क्या लेखक अप्रासंगिक हो गया, जैसे 1996 के बाद के रूस में सोल्झेनित्सिन हो गये थे? इस सवाल का जवाब हमें सोल्झेनित्सिन में ही ढूँढ़ना होगा।

सोल्झेनित्सिन के जीवनानुभवों और उनसे निकले सोच का निचोड़ उनके उस भाषण में मिलता है, जो उन्होंने नोबेल पुरस्कार लेते समय दिया था। उन्होंने कहा—

"अगर लेखक नहीं तो दूसरे कौन अपने यहाँ की असफल सरकारों को अपराधी ठहरायेंगे (वैसे कुछ देशों में सरकार पर इल्ज़ाम लगाना जीविकोपार्जन का सबसे आसान तरीका बन गया है और कोई भी जो निहायत आलसी है, इस तरीके को अपना लेता है) और लेखकों के अलावा कौन अपने समाज को उसके भीरुताजन्य

अपमान अथवा आत्मतुष्ट नपुंसकता के लिए या अपने युवाओं को उनकी अविचारित पलायन वृत्ति के लिए धिक्कारेगा?"

इसमें सत्ता के साथ-साथ समाज को भी कठघरे में खड़े करने की तरफ इशारा है। सोल्झेनित्सिन की छवि जो मुख्यतः प्रतिरोधी साहित्यकार की बनी वह इसलिए भी कि उन्होंने बीसवीं सदी के उत्तरार्द्ध की सबसे खुँखार, अमानवीय और भयावह निरंकुश सत्ता वाली वामपन्थीय सरकार के खिलाफ़ खड़े होने का साहस किया। शुरुआत छोटी थी...जैसी कि अधिकांश शुरुआतें होती हैं। द्वितीय विश्वयुद्ध की समाप्ति पर जो स्टालिन का जबर्दस्त गुणगान हो रहा था उसकी आलोचना कैप्टन सोल्झेनित्सिन ने युद्धक्षेत्र से अपने मित्र को लिखे एक निहायत व्यक्तिगत पत्र में कर दी...और 1945 में वे जैसे ही युद्धक्षेत्र से अपने देश पहुँचे उन्हें बर्ख़ास्त कर जेल भेज दिया गया। वहाँ से उन्हें लेबर कैम्पों में रखने का जो सिलसिला शुरू हुआ, उसके अनुभव उनके करीब-करीब समूचे साहित्य में सीधे-सीधे उतरे हैं। 'इवान डेनिसोविच के जीवन का एक दिन'—जिस उपन्यास से वे एकाएक प्रसिद्ध हुए में उनके व्यक्तिगत अनुभव हैं, तो 'द गुलाग आर्की पिलैगो' में उन सैकड़ों-हजारों लोगों की लेबर कैम्पों में भोगी यातनाओं की क्रोनिकिल दर्ज़ है जो सचमुच वहाँ थे, यातनाएँ जो हू-ब-हू थीं। उन्हें लेखक ने सिर्फ अपनी ज़ुबान दी है, बेशक उन पर जहाँ-तहाँ लेखक की संवेदना (कहीं-कहीं थोड़ा आक्रोशभरी भी) से भरपूर टिप्पणियाँ भी हैं। इस पुस्तक पर लेखक को नोबल पुरस्कार मिला। मुझे याद है कि दिल्ली में मैं इस पुस्तक को ढूँढ़ता फिरता था और कहीं नहीं मिलती थी, दबा-दबा प्रतिबन्ध लगा दिया गया था उसके आने पर। बहुत बाद में किसी-किसी तरह मिल पायी, लुके-छिपे। साहित्य और कला की दृष्टि से मुझे हमेशा 'गुलाग' से बड़ी कृतियाँ 'कैन्सर वार्ड' और 'फर्स्ट सर्किल' लगीं...यहाँ तक कि वह छोटा उपन्यास 'वन डे इन द लाइफ आफ इवान डेनिसोविच' भी। 'गुलाग' के बारे में हैरतअंगेज जो बात थी वह यह कि कैसे उन यातनामय लेबर कैम्पों में सज़ा से गुज़रते हुए लेखक ने इतनी सारी प्रामाणिक सामग्री इकट्ठा कर ली। 'गुलाग' अब भी लेखक की सर्वश्रेष्ठ कृति मानी जाती है, शायद इसलिए कि मानवता के इतिहास में बीसवीं सदी का जो सबसे महत्त्वपूर्ण प्रयोग रूस में हुआ था उसकी अमानवीयता को दर्शाने वाला सबसे महत्त्वपूर्ण दस्तावेज़ है यह। 1917 की क्रान्ति के बाद से जो मार्क्सवादी विचारधारा दुनिया भर के लोगों को इस या उस तरह अपने प्रभाव के घेरे में लिये रही, उसके व्यवहार और उसकी सत्ता से सम्बन्धित सबसे महत्त्वपूर्ण किताब है यह। महत्त्वपूर्ण ब्योरों से तो बनती ही है, उस दृष्टि से भी जो लेखक की थी। सोल्झेनित्सिन कम्यूनिस्ट विचारधारा, याकि तत्कालीन रूसी सत्ता से विद्रोह करते नहीं दिखते, वे बहुत ही ठण्डे ढंग से लेबर कैम्प के जीवन से सीधे उठाते हुए,

ब्योरे पर ब्योरे दिये जाते हैं, उन्हें बोलने देते हैं। जहाँ यह दृष्टि हो वहाँ पूर्वग्रही विरोध का आरोप अगर लगा सकते थे तो कट्टर कम्यूनिस्ट लोग ही और जैसा कि वे करते हैं—कोई फ्रेज पकड़ लो 'पश्चिमी साम्राज्यवाद का पिट्ठू'—जैसे कि आज अपने देश में ही 'देश को विभाजित करने वाली साम्प्रदायिक शक्तियाँ' या ऐसा ही कुछ। 'इवान' और 'गुलाग'—दोनों में सोल्झेनित्सिन ने जहाँ तक अपने साहित्यकार को दबाये रखा। ऐसा तो नहीं कि साहित्यकार है ही नहीं पर कलात्मकता का कोई बड़ा उपक्रम नहीं है। 'इवान डेनिसोविच के जीवन का एक दिन' में जो दिन उठाया गया है, वह लेबर कैम्प का एक अति साधारण दिन है। लेखक की शैली कम कहने या दबाकर कहने की है...लेकिन उसका प्रभाव जबर्दस्त होता है...जैसे कि साइबेरिया में जहाँ शून्य से 17 डिग्री नीचे का जाड़ा है वहाँ इवान का यह सवाल कि जो व्यक्ति गर्म जगह में है उससे यह उम्मीद कैसे की जा सकती है कि वह ऐसी सर्दी की गिरफ़्त में पड़े व्यक्ति को समझ सके...यह हमें उदासी से भर जाता है। इवान घर पत्र लिखने के प्रति उदासीन है—'पत्र लिखना अब जैसे किसी तलहीन तालाब में पत्थर फेंकने जैसा है। पत्थर गिरते हैं, डूबते हैं...पर कोई जवाब नहीं आता।'

सोल्झेनित्सिन के प्रतिरोध का असर हुआ...इसलिए कि जो सत्ता अपने दमन को छिपाये रखती थी...उसका पर्दाफाश हुआ। वह बौखलायी, सोल्झेनित्सिन की किताबों के प्रकाशन में परेशानियाँ खड़ी की गयीं...लेखक संघ द्वारा उन्हें स्वीकृत किया जाना जरूरी था, उनके सदस्यों से सोल्झेनित्सिन की बहसें हुईं। 'इवान 1952 में छपा...वह भी शायद इसलिए कि ख्रुश्चेव थे जिन्हें स्टालिन की तानाशाही दिखाने गें राजनैतिक फ़ायदा था। 1964 में ख्रुश्चेव के जाने के बाद ब्रेझनेव का समय फिर दमन का था, हालाँकि स्टालिन जितना नहीं। विपरीत परिस्थितियों ने ही सोल्झेनित्सिन के प्रतिरोध को और लहकाया, वहीं तत्कालीन व्यवस्था की तंगदिली, उसका बाहर के किसी विरोध से डर...ऐसी चीज़ें भी अपने आप लक्षित होती गयीं। विरोध कारगर हुआ क्योंकि व्यवस्था विरोध से खौफ़ खाती थी।

आज के समय में, भारत जैसे देश के लिए सोल्झेनित्सिन की प्रतिरोधी मिसाल...लेखकों को क्या सिखा सकती है? मौजूदा समय अधिकांश देशों में जनतन्त्र और मीडिया के बोलबाले का है। सत्ता के विरोध में कुछ भी कहने/लिखने की स्वतन्त्रता है,...इतनी कि जिनके खिलाफ कहा-लिखा जा रहा है, उन पर असर ही नहीं होता, वे चिकने घड़े हो गये हैं। आने वाले दिनों में सत्ता में ईमानदार, मानव-प्रेमी, संवेदनशील लोग और कम होते चले जायेंगे, क्रूर, धन्धेबाज़, भ्रष्ट, अपराधी स्वभाव वाले बढ़ेंगे। दमन की वह मशीनरी भले ही न हो जो ज़ार या स्टालिन वाले समय में थी, पर हमारे इन शासकों के तरीके नये और चालाक किस्म के होंगे।

उपेक्षा, दिखावा, झूठ को प्रचारित कर करके सच बना देना, मीठे बोल की महीन मार से विरोध के स्वर को दबा देना...ऐसी चीज़ों से वह साहित्य के विरोधी स्वर को दरकिनार कर सकती है...जैसे सोल्झेनित्सिन के निष्कासन को समाप्त कर, उन्हें रूस बुलाकर एक किनारे डाल दिया गया।

ऐसे समय में साहित्यकार क्या करें? व्यवस्था के साथ घात-प्रतिघात में सोल्झेनित्सिन के कहने और लिखने में बहुत कुछ ऐसा उभरकर आया जिसमें हमें अपने समय के लिए कुछ रोशनी मिल सकती है...इसलिए कि आधुनिक काल में किसी अन्य बड़े साहित्यकार का इस तरह तत्कालीन सत्ता के सामने खड़े होना, निर्भीक होकर बोलना...अपने साहित्य को करीब-करीब 'फोटोग्राफिक रियलिज़्म' की कगार पर ले जाते हुए सीधे-सीधे लिखना ...ऐसा दूसरा उदाहरण नहीं मिलता। समय कोई हो, सत्ता का स्वरूप कोई हो...साहित्य तो विरोध में ही पाता है खुद को। उसके लिए हिम्मत तो चाहिए ही। सोल्झेनित्सिन में वह कहाँ से आयी...कैसी आस्था, किन मूल्यों में विश्वास, साहित्य का उनके लिए क्या तात्पर्य था...ऐसी चीज़ों की खोज की जा सकती है।

आश्चर्य की बात कि सोल्झेनित्सिन का साहस उन-उन चीज़ों से आया दिखता है, जिन्हें हम भारतीयता से जोड़ते हैं। नोबल पुरस्कार के अपने भाषण में वे दो प्रकार के कलाकारों की बात करते हैं—एक वह जो स्वयं को भावात्मक जगत के स्वतन्त्र स्रष्टा के रूप में देखता है। मनुष्य ही सर्वोपरि है। हर चीज़ के लिए और हर चीज़ का कर्त्ता इसमें विश्वास करने वाला कलाकार, सोल्झेनित्सिन के अनुसार अपनी जिम्मेदारी के बोझ तले ही पिस जाता है। सोल्झेनित्सिन आगे कहते हैं—

'एक दूसरे प्रकार का कलाकार होता है, जो अपने से उच्चतर सत्ता को स्वीकारता है। ईश्वर की छत्रछाया में एक शिक्षार्थी कारीगर के बतौर काम करने में उसे आनन्द मिलता है। तब जो भी लिखा जा रहा या अंकित किया जा रहा है, उसके प्रति और जिनके लिए यह सब किया जा रहा है उनके प्रति लेखक या उस कारीगर की जिम्मेदारी और भी बढ़ जाती है, लेकिन दूसरी तरफ इस विश्व को उसने नहीं बनाया, न ही वह चला रहा है। इस स्रष्टि के आधार को लेकर भी कोई संशय नहीं है। कलाकार को तो बस विश्व की लयात्मकता और मानव द्वारा यहाँ लाये गये सौन्दर्य और कुरूपता के प्रति अन्यों से ज्यादा जागरूक होना है और इसका सुतीक्ष्ण सम्प्रेषण करना है, सहभागी मानवों तक। निरन्तर रहने वाली लयात्मकता की प्रतीति कलाकार को विपत्ति में, अस्तित्व के निम्नतम गर्त में, विपन्नता की स्थिति में, करावास में, रुग्णावस्था में, कहीं भी और कभी भी नहीं छोड़ती।"

इसी भाषण से मैं एक और अंश उद्धरित करना चाहूँगा, ताकि सोल्झेनित्सिन के शब्द ही बोलें—

"दोस्तोव्हस्की का एक रहस्यमय वाक्य है—'सुन्दरता संसार को बचायेगी'। यह

कैसी उक्ति है? अरसे तक मैं उस उक्ति को शब्दाडम्बर मानता रहा। यह कैसे हो सकता है? रक्तपिपासु इतिहास में सौन्दर्य ने कभी किसी को किसी चीज़ से बचाया है? हाँ उदात्त बनाया, ऊँचा उठाया, पर बचाया किसको?

फिर भी सौन्दर्य के सत्त्व में एक विशिष्टता है, कला के रुतबे में एक खासियत है, यह कि कला की, एक सच्ची रचना की प्रामाणिकता असंदिग्ध है और उसके सामने वह भी समर्पण के लिए विवश हो जाता है तो उसका विरोध करता है... कलाकृति का सत्यापन उसमें ही निहित होता है...

सत्यम, शिवम, सुन्दरम् की वह प्राचीन त्रयी शायद वैसा छूँछा, घिसा-पिटा सूत्र नहीं है जैसा हम जवानी के आत्मविश्वासपूर्ण और भौतिकतावादी दौर में समझते हैं। मनीषियों की धारणा थी कि इन तीनों वृक्षों के शीर्ष ऊपर जाकर गुँथ जाते हैं। जीवन में हमारे सामने सत्य और शिव के जो सीधे विकास आयाम हैं, उन्हें तोड़ दिया जाता है, उन्हें ऊँचा उठाने का अवकाश नहीं दिया जाता...पर तभी सुन्दर अपने अकल्प्य, अप्रत्याशित विस्तार में सब कुछ भेदता हुआ ऊपर ठीक उसी ऊँचाई पर जा पहुँचता है। यहाँ वह तीनों—सत्य, शिव और सुन्दर इन तीनों की भूमिका निभा लेता है।

इसीलिए दोस्तोव्स्की का कहना कि सुन्दरता संसार को बचायेगी यों ही दी गयी बात नहीं बल्कि भविष्यवाणी लगती है। उन्हें ऐसी दृष्टि मिली हुई थी कि संसार के आर-पार देख सकते थे। अद्‌भुत प्रकाशमयी अन्तर्दृष्टि थी उनकी। अगर ऐसा है, तो सचमुच कला, साहित्य आज संसार को बचा सकते हैं।"

हैरत की बात कि इतने क्रूर यथार्थ को देखने और लिखने के बाद भी सोल्झेनित्सिन सौन्दर्य की बात करते हैं, उनसे बिल्कुल भिन्न प्रकार का लिखने वाले दोस्तोव्स्की की बात करते हैं।

तो साहस हम ब्रह्माण्ड में जो लयात्मकता है और जिसे बनाये रखने की जो लेखक/कलाकार की तरह से उसकी छोटी-सी चेष्टा होती है...इनसे प्राप्त कर सकते हैं। सत्य और सौन्दर्य जो एक रचना में उपस्थित होता है...सौन्दर्य जो लयात्मकता के लिए स्वतः कुछ कर देता है—साहस हम इससे प्राप्त कर सकते हैं।

बेशर्मी के हमारे इस समय में कला जैसे कुछ कारगर हो सकती है...इसकी तरफ सोल्झेनित्सिन के उपर्युक्त भाषण में इशारा हुआ है। कला के दुरुपयोग वाले अपने समय पर कटाक्ष करते हुए वे कहते हैं—

"कला को हाथों से लिए हम विश्वासपूर्वक उसे अपनी मिल्कियत मानते हैं, अधिकारपूर्वक उसे दिशा-निर्देश देते हैं, उसका नवीनीकरण करते हैं, पुनर्निर्माण करते हैं, उसे प्रकट करते हैं, उसे पैसों के लिए बेचते हैं, सत्ताधारियों की कृपा पाने के लिए उसका उपयोग करते हैं, किसी क्षण मनोरंजन के लिए उसकी ओर मुखातिब होते हैं—लोकप्रिय गानों और नाइट क्लबों के स्तर तक उतरते हुए और संकीर्ण सामाजिक उद्देश्यों की खातिर हथियार, डंडे या मुग्दर की तरह भाँजते हैं...

पर हमारे इन सब प्रयासों से कला स्वतः दूषित नहीं होती और न अपने असली स्वरूप से स्खलित होती है, उलटे ऐसे हर मौके पर और हर इस्तेमाल के दौरान वह हमें अपने भीतरी प्रकाश का एक अंश देती है।"

कला को दूषित करने वाले वे सारे प्रयास जो सोल्झेनित्सिन ने ऊपर गिनाये हैं, वे सबके सब आज हमारे बीच हैं, भारत जैसी जनतन्त्रीय व्यवस्था में और भी ज्यादा। यह भी मान लिया जाये कि इन सबके बीच कला अपने असली स्वरूप से स्खलित नहीं होती...लेकिन यह मानना मेरे लिए मुश्किल है कि ऐसे "हर इस्तेमाल के दौरान वह हमें भीतरी प्रकाश का एक अंश देती है"

शायद देती हो...सच्चे कलाकारों को उनके व्यक्तिगत स्तर पर, लेकिन समाज के स्तर पर कला का असली रूप तो धुँधलाता ही जाता है। सोल्झेनित्सिन यहाँ सत्य, सत्य पर आधारित कला और उसके कालजयी होने का ही तर्क दे पाते हैं–

"अवधारणाएँ जो कृत्रिम ढंग से बनायी या सायास विकसित की जाती हैं, वे बिम्बों में उतर नहीं पाती। दरअसल कलात्मक बिम्ब में उतारे जाने की प्रक्रिया को वे सहन नहीं कर पातीं। वे सब ढह जाती हैं, जीर्ण और रक्तहीन लगने लगती हैं, किसी में आस्था नहीं जगा पातीं परन्तु वे कलाकृतियाँ जिनमें गहन तल से उभारा गया सत्य हमारे सामने लाया गया होता है–वे हमें आविष्ट कर लेती है और उन्हें झुठलाने कोई, कभी भी युगों के बाद भी नहीं आयेगा।"

(नोबल पुरस्कार के भाषण का अनुवाद-फतेह जंग बहादुर)

इसमें शक नहीं कि "इवान...या कि 'गुलाग' में 'गहन तल से उभारा गया सत्य' सामने लाया गया है। यह भी सही कि इनके सत्य को झुठलाया नहीं जा सकता...लेकिन इस सत्य की आज हमारे लिए क्या उपयोगिता बची है। 'गुलाग आर्कीपिलैगोतीन का अन्तिम भाग–'स्टालिन इज नो मोर' के 'आर्की पिलैगो रिमेन्स' और 'लॉ टुडे' शीर्षक वाले अध्यायों में भी विभिन्न तन्त्रों में निहित दमन-तन्त्रों की तस्वीर झलकाने की बजाय बात सिर्फ एक विशेष समय के प्रचलित अमानवीय लेबर कैम्पों और दण्डविधानों, उनमें आये परिवर्तनों की ही हो पायी। इसलिए आज उसका उपयोग इतिहास के विद्यार्थियों और शोध छात्रों के अलावा और किसके लिए हो सकता है? सही कहा जाता है कि साहित्य के इतिहास में 'गुलाग' अपने किस्म का एक ही दस्तावेज है। यह भी सही कि उसके लिखे दमन के ब्योरों को पढ़कर रोंगटे खड़े हो जाते हैं, साम्यवादी व्यवस्था के प्रति जबर्दस्त आक्रोश पनपे बिना नहीं रहता। मेरे समकालीनों में वल्लभ सिद्धार्थ सोल्झेनित्सिन को आधुनिक काल का सबसे बड़ा लेखक और 'गुलाग' को सबसे बड़ी कृति मानते हैं, जबकि स्वयं प्रकाश सोल्झेनित्सिन को 'कायर' कहकर झटक देते हैं।" ('परिकथा' में उर्मिला शिरीष द्वारा लिया गया साक्षात्कार)। एक की मोहान्धता है तो दूसरे की पार्टीगत मजबूरी। जहाँ तक मेरा सवाल है, मुझे 'गुलाग' से बड़ी साहित्यिक कृति,

वह छोटा-सा उपन्यास 'इवान' लगता है और 'कैन्सर वार्ड' तो है ही। मैं यह भी खुद से पूछता पाता हूँ कि अपनी तमाम निर्भीकता, विरोधात्मकता, सत्यता के बावजूद सोल्झेनित्सिन दोस्तोव्हस्की और तोलस्तोय की ऊँचाई तक क्यों नहीं उठ पाते। वह करुणा नहीं है। शायद सोल्झेनित्सिन ने खुद को एक खास सत्य को उद्घाटित करने से बाँध लिया था...और उस चुनाव के लिए वे स्वतन्त्र थे।

यह मानना होगा कि सोल्झेनित्सिन की चिन्ता में मार्क्सवादी/समाजवादी सिद्धान्त, समाजवाद के निर्माण का यह तरीका या वह तरीका...उनसे विरोध या कि पश्चिम के पूँजीवाद का पक्षधर होना (जिसके लिए उन्होंने यहाँ तक कहा कि—'अधिक भौतिक सुख-सुविधा ने उसका विवेक खत्म कर दिया है', निर्वासन के दिनों विदेश में रहते हुए जमकर पश्चिमी व्यवस्था की आलोचनाएँ कीं), ...ये सब नहीं थे। वे तो लोगों को जिस अमानवीय ढंग से यातनाएँ दी जा रही थीं, उन्हें लेकर व्यथित थे, और हुए क्योंकि भुक्तभोगी और प्रत्यक्षदर्शी थे। इसलिए उन्होंने सिद्धान्तों, विचारधाराओं की बहस से दूर विशुद्ध जीवन के स्तर पर जो हो रहा था, उसे सीधे-सीधे उतारने का रास्ता अपनाया। सोल्झेनित्सिन के अनुसार इस दमनक्रिया में 64 करोड़ रूसी लोगों की जानें गयीं। वे साहित्यकार थे, सत्य विश्वासी थे, विज्ञान के विद्यार्थी और शोधपरक शैली के लिखने वाले थे...इसलिए उन पर विश्वास न करना मुश्किल है।

साहित्यकार द्वारा विरोध...यह रास्ता उन्होंने चुना, अपना उदाहरण हमारे सामने रखा...और कामयाब भी हुए। स्तालिन मर गया (मास्को में जिन इमारतों को उसने असहाय जर्मन कैदियों द्वारा एक समयसीमा में बनवाया उन्हें रूस में ही आज स्टालिन की सात बेवकूफ़ियों के नाम से जाना जाता है) वह व्यवस्था चरमरा कर ध्वस्त हो गयी, सोल्झेनित्सिन को कैंसर हुआ...पर बच गये। उसके बाद का जीवन उन्होंने अपना नहीं माना और एक अमानवीय व्यवस्था की भयावहता को सच्चे तथ्यों के साथ सबके सामने रखने के लिए समर्पित कर दिया। वे कहते थे कि एक साधारण आदमी से उम्मीद की जा सकती है कि वह झूठ में शिरकत न करे, लेकिन एक कलाकार से ज्यादा की उम्मीद की जानी चाहिए...यह कि वह झूठ को पछाड़ दे। वे हमारे समय के योद्धा साहित्यकार थे...जो विजयी भी हुए। उनके जैसा कद और भाग्य हमारा न सही पर आज के समय के लिए, चिकने घड़े वाली बेशर्म व्यवस्था के रू-ब-रू सोल्झेनित्सिन से जो सीखने की बात हो सकती है वह है—सत्य का हाथ पकड़कर चलो, सिद्धान्तों और विचारधाराओं को दरकिनार कर किसी भी व्यवस्था के दमन की जीवन को स्तर पर देखो, लेखन में उसे उतार उसका प्रतिकार करो...

और सोल्झेनित्सिन में देखने की जो बात हो सकती है वह यह कि इतनी यातना और अपमान झेलने वाला, अपने भीतर कड़ुवाहट पाले हुए यह शख़्स

दोस्तोव्हस्की के उस कथन को याद करता है कि 'सुन्दरता ही संसार को बचायेगी' और जब साहित्य लिखने पर आता है तो 'कैन्सर वार्ड' में शुलूबिन के मुँह से यह बोलता है—

"तो नैतिक समाजवाद यह है। हमें लोगों को खुशहाली की तरफ कभी नहीं हाँकना चाहिए, क्योंकि खुशहाली भी चौक में लगी एक मूर्ति ही है। हमें उन्हें पारस्परिक प्रेम के लिए प्रेरित करना चाहिए। अपने शिकार की तरफ खुँखारता जानवर भी खुश हो सकता है, लेकिन यह सिर्फ मनुष्यों के भाग्य में होता है कि वे एक दूसरे के लिए प्रेम, स्नेह महसूस कर सकें...और यह सबसे बड़ी प्राप्ति है जिसकी आकांक्षा वे कर सकते हैं।"

वातावरण शुद्धीकरण : विश्वनाथ प्रसाद तिवारी

अकसर हमारा वह लेखन—जो यों ही चलते—चलते अनायास हो गया—कद में उस लेखन के मुकाबले जो सुनियोजित था बड़ा हो जाता है। 'आलोचना के हाशिए पर' पुस्तक से विश्वनाथ प्रसाद तिवारी के चार लेख बतौर उदाहरण प्रस्तुत किये जा सकते हैं—(1) हंस सम्पादक के छलात्कार, (2) छायावाद के विरुद्ध सुनियोजित षड्यन्त्र, (3) सोवियत संघ का पतन और मार्क्सवादी चिन्तन, (4) 'रामविलास शर्मा की बरसी पर 'आलोचना का कट्टरवाद'। ये लेख अपनी गुणवत्ता में जो हैं वह तो हैं ही, उनकी बेहद जरूरत थी। राजेन्द्र यादव के माध्यम से उस मठाधीशी का नकार है, जो नयी प्रतिभाओं को प्रतिष्ठित होने का 'शौर्टकट' दिखाती है, पर जो अपने स्वयं के चरित्र में उस ईमानदारी के बिल्कुल उलट है जिसके बगैर साहित्य-लेखन हो ही नहीं सकता। छायावाद वाला लेख उस प्रवृत्ति के खिलाफ है, जो अपने गौरवपूर्ण साहित्य (भक्ति काव्य या छायावाद) को ही मिटा देना चाहती है, जो प्रसाद जैसे विराट दृष्टि वाले महाकवि को भी पलायनवादी घोषित करती है। कहा जाता है कि सोवियत संघ के पतन से क्या हुआ, मार्क्सवादी विचारधारा तो रहेगी ही... तो उसका विशुद्ध विचारधारा के स्तर पर आकलन तीसरे लेख में है। चौथा लेख आलोचना में डॉ. नामवर सिंह की पैंतरेबाजी और दोहरे चरित्र को उजागर करते हैं, जब वे एक ही मुद्दे पर डॉ. रामविलास शर्मा के रहते उनकी प्रशस्तियाँ गाते हैं और उनके न रहने पर उन पर वार करते हैं—जैसे राजेन्द्र यादव ने हंस के सम्पादकीय में शैलेश मटियानी के मरणोपरान्त उन्हें भाजपाई साबित करने की कोशिश की। राजेन्द्र यादव और नामवर सिंह—दोनों को ही वह सब लिखने में सुविधा तब दिखी जब शैलेश मटियानी और डॉ. रामविलास शर्मा दिवंगत हो चुके थे। पल्ले दर्जे की कायरता! इस प्रवृत्ति का प्रतिकार भी जरूरी था।

यह इत्तफ़ाक है कि एक लेख में राजेन्द्र यादव और शेष तीन में नामवर सिंह लक्ष्य बने। उससे बचा नहीं जा सकता था। विश्वनाथ जी ने कम-से-कम यह वीरता नहीं तो उदारता दिखाई कि नामवर यादव के जीते जी वे लेख लिखे। स्थापनाओं का तर्कसंगत विरोध है और जहाँ सोचा समझा, चालाकी भरा रवैया है, तो उस रवैये के खिलाफ आक्रोश है। इन लेखों की भाषा का जो स्वर है उससे यह साफ है कि

यहाँ द्वेष नहीं है, ये लेख इसीलिए और महत्त्वपूर्ण बन गये हैं। ये महत्त्वपूर्ण अपनायी गयी एक शैली की वजह से भी हैं–जहाँ नामवर सिंह या यादव को उनके ही कथनों के सामने रख दिया गया है। यह शैली इतनी सशक्त है कि नामवर यादव प्रतिकार करना भी चाहें तो नहीं कर सकते, अपने कहे/लिखे के खिलाफ वे कैसे जा सकते हैं। विस्तृत चर्चा के लिए हम राजेन्द्र यादव पर सीधे केन्द्रित लेख को 'बाईपास' करते हुए शेष तीन उठा सकते हैं।

ये तीन लेख विश्वनाथ तिवारी की विद्वत्ता और ईमानदारी को तो सामने लाते ही हैं–वे हमें उनकी मौलिकता का भी कायल बनाते हैं। 'सोवियत संघ का पतन और मार्क्सवादी चिन्तन' लेख के तीसरे पृष्ठ में कितने उन लेखकों के नाम (जीवन काल के साथ) दिये गये हैं जिन्होंने रूसी क्रान्ति (1917) के बाद आत्महत्याएँ कीं, उन 174 कवियों का जिक्र है जो क्रान्ति के बाद दमन से बचने के लिए देश छोड़कर भाग गये थे। इस लेख में विश्वनाथ जी के कुछ विलक्षण निष्कर्षों को उद्धरित करना समीचीन होगा–

"वोल्शेविक क्रान्ति पूरी तरह सर्वहारा क्रान्ति नहीं थी, न उसमें सभी लोग परिष्कृत सामाजिक चेतना से सम्पन्न थे। बल्कि उसमें भटके हुए लोग थे जो सत्ता मिलने पर इतने भटक गये कि सर्वहारा विरोधी बन बैठे और उन्होंने समाजवादी संस्कृति के निर्माण की जगह अपनी सत्ता और महत्त्वाकांक्षा की हवस पूरी करनी शुरू कर दी। नेता तानाशाह बने, नौकरशाही भ्रष्ट हुई और सर्वहारा कराहने लगी।"

"स्वतन्त्रता का विरोध करने में राजा, तानाशाह, सैनिक अधिनायक और मार्क्सवादी सत्ता एक समान होती है। इन सबको क्या स्वतन्त्रता से एक ही तरह का खतरा महसूस होता है? क्या स्वतन्त्रता के बिना समानता और भ्रातृत्व पंगु नहीं है? जिसकी स्वतन्त्रता छिन गयी हो क्या वह समानता और भाईचारे की माँग कर सकता है? रोटी और आजादी दोनों एक दूसरे के विरोधी नहीं हैं। जो आजाद नहीं होगा, वह रोटी की माँग भी नहीं कर सकता।"

"महान मानववादी उपन्यासकार मैक्सिम गोर्की जो स्टालिन से सीधे मिलते और बात करते थे, स्टालिन के काले कारनामों से अनभिज्ञ क्यों बने रहे (गुलाग द्वीप समूह में–सोल्झेनित्सिन–गोर्की के बारे में संकेत में जो कुछ कहा गया है, वह उसकी गढ़ी गयी छवि के विपरीत है) क्या दुनिया भर में मार्क्सवाद के पतन के कारण ये कायर बुद्धिजीवी नहीं हैं?

"यह मान लेना कि सर्वहारा सत् और न्याय का वर्ग है तथा बुर्जुआ असत् और अन्याय का, अपने आप में एक अन्याय है। क्या सर्वहारा अन्याय नहीं कर सकता?"

"क्या मानवता के भविष्य के बारे में निश्चित भविष्यवाणी करना इतना सरल है? स्वयं मार्क्स की भविष्यवाणियाँ क्या गलत नहीं साबित हो गयी? मार्क्स ने भविष्यवाणी की थी कि ब्रिटेन और जर्मनी जैसे औद्योगिक देशों में सामाजिक क्रान्ति

होगी। पर यह क्रान्ति पहले औद्योगिक दृष्टि से पिछड़े देश रूस में हुई। चीन में हुई। यूरोप और अमेरिका में पूँजी का केन्द्रीकरण तो हुआ लेकिन श्रमिकों की गरीबी बढ़ने की बजाय उनका जीवन स्तर ऊँचा उठा।"

"मार्क्स ने 'संसार के मजदूरों एक हो जाओ' का नारा दिया लेकिन संसार भर के मजदूर कभी एक नहीं हुए। द्वितीय विश्वयुद्ध में जब हिटलर ने लेनिनग्राद को घेर लिया था तो रूस की प्रचंड राष्ट्रीयता ने उसकी रक्षा की, मार्क्स की अन्तर्राष्ट्रीयता ने नहीं।"

"क्या साम्यवादी व्यवस्था ने विकल्प के रूप में अपनी कोई प्रौद्योगिकी विकसित की है? उत्तर है—नहीं। इस सम्बन्ध में लेनिन के विचार देखिये—'हमें पूँजीवादी समय से प्राप्त सारी संस्कृति को ग्रहण करना और उससे समाजवाद का निर्माण करना चाहिए। हमें उसका सारा विज्ञान, सारी प्रौद्योगिकी और सारी कला ग्रहण कर लेनी चाहिए। इसके बगैर हम कम्यूनिस्ट समाज बनाने में असमर्थ रहेंगे।' (लेनिन, सोवियत सत्ता की सफलताएँ और कठिनाइयाँ—1919) जब सब कुछ पूँजीवाद से ग्रहण करेंगे तो समाजवाद कैसे बनायेंगे? क्या बबूल के बीज से आम पैदा होगा?"

"अपने व्यापक विश्लेषणों के आधार पर लोहिया बराबर यह दुहराया करते थे कि "मार्क्सवाद यूरोप द्वारा एशिया को पहनायी गयी आखिरी बेड़ी है जिसे तोड़ना होगा।"

द्रष्टव्य है कि मार्क्सवाद को सिर्फ विचारधारा के स्तर पर आँका गया है। यह लेख अपने तर्कों, तथ्यों और आँकड़ों के साथ इतना पैना है कि कोई खुले दिमाग वाला (कट्टर 'मार्क्सवादी नहीं') अगर इसे पढ़ ले तो वह कभी मार्क्सवाद का कायल नहीं होगा।

'छायावाद के विरुद्ध सुनियोजित षड्यन्त्र' लेख में प्रेरणा छायावाद के समृद्ध साहित्य के पक्ष में बोलने की है, जिसे खारिज करने की कोशिश नामवर सिंह की पुस्तक 'छायावाद' करती है। इस पुस्तक पर विश्वनाथजी की आलोचनात्मक दृष्टि उन्हीं के शब्दों में यह है—"इसमें आलोचक कहता तो कुछ और है पर कहना कुछ और चाहता है। अर्थात् उसकी तान जिस बात पर टूटती है वह उसके पूर्वकथन के विरुद्ध है। आलोचक को एक ओर छायावाद का काव्यवैभव रोकता है, तो दूसरी ओर उसका पूर्वग्रह उसे खींचता है। पीछे छायावाद है तो आगे प्रगतिवाद।" विश्वनाथ ने नामवर जी की पुस्तक के बारहवें अध्याय से छायावाद की प्रशंसा वाला एक उद्धरण लिया है, फिर लिखते हैं—

"इस लम्बे उद्धरण की जरूरत इसलिए पड़ी कि हमारे आलोचक ने छायावाद की किसी भी विशेषता को छोड़ा नहीं है, सबको एक साँस में गिना दिया है। इतना ही नहीं छायावाद पर लगाये जाने वाले आरोपों का भी उसने जवाब दे दिया है। यदि छायावाद के कवियों को भी अपने बारे में कहना होता तो इससे ज्यादा और क्या

कह सकते थे। लेकिन आश्चर्य कि छायावाद-स्तवन का यह अनुच्छेद जहाँ पूरा होता है, उसके ठीक बाद का अनुच्छेद इस प्रकार है—

"निस्सन्देह छायावाद का यह सारा प्रभाव जीवन के एक सीमित क्षेत्र में ही पड़ता है। उसमें कल्पना अधिक, वास्तविकता कम थी और जो वास्तविकता थी भी वह प्रायः मानव जीवन के एक देशीय प्रेम सम्बन्धी थी। व्यापकता के अभाव में उसकी प्रभाव शक्ति सीमित हो गयी। तुलनात्मक दृष्टि से देखने पर छायावाद में सूर साहित्य की अपेक्षा वास्तविकता कम है और तुलसी साहित्य की अपेक्षा व्यापकता बहुत कम है।"

इस पर विश्वनाथ जी की टिप्पणी है—"नीचे वाले उद्धरण में जिस व्यापकता और वास्तविकता की कमी देखी गयी है और जिस 'सीमित क्षेत्र' और 'सीमित प्रभावशक्ति' को महसूस किया गया है, ऊपर वाले उद्धरण (लम्बा उद्धरण जिसे मैंने स्थानाभाव के कारण कोट नहीं किया पर जो विश्वनाथ जी के लेख में पूरा उद्धरित है—) की रेखांकित पंक्तियों में उनका स्वयं जवाब दे दिया गया है। जवाब पहले और प्रश्न बाद में। इतना ही नहीं जवाब के छायावाद के ऐतिहासिक कार्य को एक बार नहीं पाँच बार दुहराया गया है।"

प्रसाद जी के नामवरीय मूल्यां कन पर विश्वनाथ जी की टिप्पणी है—"यह आलोचना की अद्‌भुत शैली है जिसमें किसी भी कवि के काव्य से अपने मनोनुकूल कुछ पंक्तियाँ चुन लीजिए और उससे कुछ भी निष्कर्ष निकाल लीजिए। आलोचना की इस शैली के आविष्कर्ता हैं नामवर सिंह। केवल चार पंक्तियों के आधार पर प्रसाद जैसे कवि को पलायनवादी और अवचेतनावादी सिद्ध करने की सामर्थ्य और किसमें हो सकती है! यह अगम्भीर और शार्टकट आलोचना का सर्वोत्तम उदाहरण है जो नामवर सिंह की वक्तृता में भी लक्ष्य किया जा सकता है। मेरे विचार से किसी कवि के बारे में अपनी राय जाहिर करते हुए आलोचक को उस कवि के सम्पूर्ण कृतित्व से ध्वनित होने वाले मूल स्वर को ध्यान में रखना चाहिए।"

विश्वनाथ जी ने इस लेख में सप्रमाण यह साबित किया है कि नामवर सिंह की आलोचना उनकी राजनीतिक विचारधारा के निकषों पर आधारित थी (जिसे सम्भवतः नामवर सिंह भी स्वीकार करेंगे)। छायावाद के सम्बन्ध में विश्वनाथ जी का निष्कर्ष है—

"छायावाद भारतीयता और भारतीय परम्परा से पैदा हुआ और उसे स्वीकार करने वाला काव्य है। वास्तविकता यह है कि भारतीय नवजागरण भारतीय परम्परा का ही विकास है। वह पाश्चात्य शिक्षा से पैदा नहीं हुआ जैसा कि पश्चिमी विचारकों और उनके भारतीय अनुयायियों द्वारा प्रचारित किया जाता है। इसी प्रकार छायावाद भी पाश्चात्य स्वच्छन्दतावाद से नहीं पैदा हुआ है जैसा कि अनुचर बुद्धिजीवी मानते हैं। भारत का सारा श्रेष्ठ साहित्य भारतीय परम्परा से जुड़ा हुआ है।"

पाँचवाँ लेख—रामविलास शर्मा की बरसी पर 'आलोचना का कट्टरतावाद' है—शुरू में ही विश्वनाथ जी कहते हैं—

"रामविलास शर्मा की बरसी पर प्रस्तुत 'आलोचना' त्रैमासिक पत्रिका का सहस्राब्दी अंक सामने है। मनुष्य के किसी भी कर्म के नैतिक-अनैतिक, जरूरी-गैरजरूरी होने की सबसे बड़ी और सर्वमान्य कसौटी उसकी नीयत (इन्टेशन) होती है। यह अंक सम्पादकीय बदनीयत का अविस्मरणीय उदाहरण है।"

नामवर जी ने इस अंक के अपने सम्पादकीय में लिखा—"बुद्ध श्रुति का निषेध कर रहे हैं और परम्परा का भी, फिर रामविलास जी हैं कि पूर्व परम्परा और वह भी वैदिक परम्परा के उपनिषद का हवाला देने से बाज नहीं आ रहे तो क्यों? क्या यह उनका वैदिक पूर्वग्रह नहीं है? यह कैसा विचार स्वातन्त्र्य है जिसमें हर बात के लिए वैदिक मुहर जरूरी है?"

इस पर विश्वनाथ जी की टिप्पणी है—

"अब कोई नामवर जी से पूछे कि वे अपने भाषणों और लेखों में बार-बार मार्क्स, लूकाज, वाल्टर बेंजामिन, ग्रामशी, एफ.आर. लीविस आदि की मुहर क्यों लगाते हैं? यह कौन-सा विचार स्वातन्त्र्य है। क्या वे अपने पाठक को उस प्रकार की स्वतन्त्रता दे सकते हैं जैसा कि बुद्ध या उपनिषद के आचार्य दे रहे हैं?"

अपने इस लेख में विश्वनाथ जी ने फिर बाकायदे उद्धरण देते हुए यह दर्शाया है कि जब डॉ. रामविलास शर्मा जवित थे तब नामवर सिंह (1982 में लिखे नये सम्पादकीय में) रामविलास जी पर कैसे प्रशस्तियाँ बरसाते हैं और उनकी मृत्यु के बाद कैसे आलोचनात्मक प्रहार करते हैं। डॉ. रामविलास शर्मा की पुस्तक 'भारत के प्राचीन भाषा परिवार और हिन्दी' के सन्दर्भ में विश्वनाथ जी लिखते हैं—

"अब पाठकों पर छोड़ता हूँ कि वे देखें, रामविलास जी की एक ही पुस्तक के बारे में नामवर जी को दो ऐसी टिप्पणियाँ जिनमें आकाश-पाताल का अन्तर है। पहली टिप्पणी में जिस ग्रन्थ को 'युगान्तरवादी' बताया गया और यह भी कि इसके जोड़ का ग्रन्थ शायद ही किसी देशी-विदेशी भाषा में हो उसी के लिए अपने नये सम्पादकीय में कहा गया है कि "रामविलास जी ने तीन जिल्दों के डेढ़ हजार पृष्ठ और अपने जीवन के अमूल्य डेढ़ दशक सर्फ कर दिये।"

इस लेख में यह भी साबित किया गया है कि 1982 वाले सम्पादकीय में न केवल रामविलास जी की नवजागरण वाली अवधारणा की प्रशंसा की गयी है, अपितु हिन्दी के क्रान्तिकारी मार्क्सवादियों के पाखण्ड और उनके यूरोपियन आशावाद पर भी दो-चार घूँसे लगाये गये हैं। और इस अराजक वातावरण में रामविलास की साधना को रेखांकित किया गया है। (उन्हें 'जलती मशाल' बताया गया है), वही नामवर सिंह अब रामविलास जी के बारे में क्या लिख रहे हैं।

वैसे नामवर सिंह जी अपने बोलने में तो इसके लिए कुख्यात हैं ही कि वे

श्रोताओं को देखकर अनुकूल-प्रतिकूल बोलते हैं, यहाँ यह बोले वहाँ वह, जो एक जगह बोले उसके ठीक उलटा दूसरी जगह। डॉ. रामविलास शर्मा से सम्बन्धित उपर्युक्त सम्पादकीयों में मामला चूँकि लिखित था...इसलिए वे पकड़े गये। शायद इसीलिए वे लिखने से बचते हैं और वाचिक परम्परा के पक्षधर हैं। अगर वे नकारात्मक और बदनीयत न होते तो उनकी प्रतिभा और विद्वत्ता हमें शायद एक और हजारी प्रसाद द्विवेदी देती जिनके वे शिष्य थे।

यह सोचने की बात है कि इन चारों लेखों में जो आक्रोश है उसका उत्स कहाँ है। द्वेष...कम से कम विश्वनाथ जी के स्वभाव में वह नहीं है...यह नामवर यादव भी मानेंगे। इस लेखक द्वय से ईर्ष्या भी क्या हो सकती है—उनकी जितनी कीर्ति है उससे चौगुनी अपकीर्ति है। विश्वनाथ जी की इनसे कोई प्रतियोगिता हो सकती है—यह भी नहीं दिखाई देता...और जैसा मैंने ऊपर लिखा कि इन लेखों की भाषा में द्वेष की बू कहीं नहीं आती। तो फिर कहाँ से आता है वह धारदार पैनापन जिससे बात हमें चीरती हुई भीतर तक उतरती चली जाती है।

मुझे लगता है इन लेखों की प्रेरणा विश्वनाथ जी के अवचेतन में हमारे लेखकीय वातावरण को प्रदूषण से मुक्त करने की रही है। अपनी साहित्यिक सम्पदा को लतियाना, जो सर्वमान्य अच्छा लेखन है उसे नकारने में अपनी विशिष्टता दिखाना बनिस्पत इसके कि अपने समकालीनों में भी समर्पित लेखकों के लेखन को ढूँढ़-ढूँढ़कर संचयित किया जाय, उसमें जो अच्छा है उसे रेखांकित किया जाय—ऐसी प्रवृत्तियाँ हिन्दी साहित्य-समाज में बढ़ी हैं जो अपना ही अहित करती हैं। ऐसे प्रदूषण से वातावरण को मुक्त करने की दिशा में उठाये गये कदम हैं विश्वनाथ जी के ये लेख। साफगोई वाले ऐसे लेखों की जो प्रदूषण फैलाने वालों की उनकी ही जुबानी कलई खोलते हैं, बेहद जरूरत है। ये लेख इस दृष्टि से एक नयी परम्परा की शुरुआत हैं। ऐसे लेखों का पैनापन आँख की उस दवा की तरह है, जो डालते ही आँख में छरछराहट तो पैदा करती है पर हमारी दृष्टि भी साफ करती है। स्वनामधन्य ऐसे 'बड़े' लोगों की अन्धभक्ति, अन्धानुकरण करने की बजाय नयी पीढ़ी पहले देखे कि ये तथाकथित बड़े लोग असलियत में हैं क्या...और वे अपनी भाषा के 'जैन्युन' साहित्य को अगर नकार रहे हैं तो क्यों?

सिरहाने बैठा आलोचक : डॉ. चन्द्रकान्त बान्दिवडेकर

डॉ. चन्द्रकान्त बान्दिवडेकर...उन्हें मैं कब से जानता हूँ, हमारी पहली मुलाकात कहाँ हुई, तब वे मुझे ठीक-ठीक कैसे लगे थे...कुछ याद नहीं आता, जबकि औरों का याद है। माने कि इस आदमी से वह मुलाकात ही नहीं हुई जिसे पहली मुलाकात कहा जा सके, जैसे वह हमेशा से मेरे साथ था, उसके भी आगे मेरे वुजूद का हिस्सा था। बान्दिवडेकर की सहजता, सरलता, निष्कपटता...यहाँ तक कि बचपन कोसों पीछे छोड़ आने के बावजूद बाल्यकाल वाली निश्छलता...इनसे मैंने न केवल रश्क किया है, उनके पास बैठे हुए खुद को हीन भी महसूस किया है, कोशिश की है कि ये गुण मेरे व्यक्तित्व में भी आ जायें। नहीं हो सका, कोशिश जारी है...और शायद यही वह बिन्दु है जहाँ से कल्पना उड़ान भरती है कि बान्दिवडेकर मेरे वुजूद का हिस्सा हैं, बराबर रहे, रहेंगे। इस कल्पना को निरन्तर एक आधार भी मिलता रहा—हमारी श्रद्धा, प्रशंसा, स्नेह एक ही दिशा में जाते रहे। जैनेन्द्र, अज्ञेय, नरेन्द्र शर्मा, वृन्दा करन्दीकर जैसों के लिए श्रद्धा, कुँवर नारायण, निर्मल वर्मा, श्रीलाल शुक्ल जैसों के लिए प्रशंसा, रामजी तिवारी, केशव प्रथमवीर जैसों के लिए प्रेम...ये हममें एक-समान रहे। धर्मवीर भारती के लिए प्रशंसा, पत्रकारिता में धूमिल होते हुए उनके साहित्यकार के लिए क्लेश में साझेदारी भी हमारी रही; पड़ोसी होने के नाते उनके सम्बन्धों में उतार-चढ़ाव ...जरूर बान्दिवडेकर के अलग रहे। मजेदार बात यह, कि यह सब इतने स्वाभाविक ढंग से होता रहा कि हमें पता ही न चला। अब कभी-कभी सोचता हूँ कि कहीं बान्दिवडेकर का ठेठ मध्यवर्गीय चोला, सरल चाल-ढाल तो नहीं चलते-चलते प्रभावित कर जाती है और आदमी को पता ही नहीं चलता। मेरे साथ यह इसलिए नहीं हुआ होगा क्योंकि मेरी चाल-ढाल भी तो हमेशा विशुद्ध मध्यवर्गीय रही आयी...और मेरे भीतर बैठी कथाकार की जो आवारागर्दी है उसे तो बान्दिवडेकर की सरलता धो नहीं पायी। तो प्रभाव की जहाँ तक बात है वह तो न मुझ-पर बान्दिवडेकर का, न मेरा उन पर पड़ा। फिर हम जो कई बातों में यकसाँ रहे...उसका सबब? मुझे लगता है हम दोनों में जो गम्भीरता, गुणवत्ता, स्तरीयता के लिए जबर्दस्त खिंचाव है...उस कारण हमारी पसन्द काफी कुछ एक-सी रही।

बान्दिवडेकर की जो आलोचना-कर्म की मूल-दृष्टि है, उसमें भी गहराई के लिए

यह आकर्षण प्रकट होता है। उनका कहना है–

"दोयम-तीयम दर्जे की पुस्तक की कमजोरियों को दिखाते हुए समीक्षा करने की अपेक्षा अपनी शक्ति को अच्छे साहित्य का आस्वादन/समीक्षा/मूल्यांकन में खर्च करना अधिक श्रेयस्कर है।"

हिन्दी और मराठी-साहित्य...दोनों में बान्दिवडेकर जो महत्त्वपूर्ण आलोचना-कार्य कर सके हैं, उसकी वजह वह जबर्दस्त सन्तुलन है जो वह अपने व्यक्तित्व में बनाये रख सके, जहाँ न आलोचक का जजमेंट की किसी ऊँची कुर्सी पर बैठे होने का 'सुपीरियर्टी-कॉम्प्लेक्स' है और न साहित्यकार से कमतर सर्जनात्मकता होने वाला कोई हीनभाव। जिस इत्मीनान से कन्धे पर झोला लटकाये वे लोकल पकड़ने जाते हैं, उसी इत्मीनान से वे साहित्यकार के प्रति अपने व्यक्तिगत लगाव से भी स्वयं को मुक्त कर लेते हैं, आलोचना करते समय। यह भी नहीं कि पूरी तरह साहित्यकार के व्यक्तित्व से निरपेक्ष हो जायें। बात अगर उन्हीं के शब्दों में रखी जाय तो अधिक साफ हो सकेगी।

"यथासम्भव रचना को ही अपना सौन्दर्य, अपना मर्म प्रकट करने के लिए उसे अपने वैयक्तिक आग्रहों से मुक्त रखता हूँ। प्रयास करता हूँ कि समीक्षक का अहं रचना से न टकराये और रचनाकार के व्यक्तित्व (लौकिक) को भी बीच में न आने दिया जाय। हाँ, रचनारत साहित्यकार के लेखकीय व्यक्तित्व का अन्वेषण अवश्य करता हूँ और उचित हो तो उस व्यक्ति से प्रभावित होने में भी संकोच नहीं करता..."

बान्दिवडेकर जैसे मीठे लोगों को क्रोध में कम देखा जायेगा...पर मैंने देखा है, एक-दो मौकों पर ही, जब वे विचार के लिए लड़ पड़े। पुणे विश्वविद्यालय में एक संगोष्ठी के दौरान...डॉ.आनन्दप्रकाश दीक्षित तब हेड थे और बान्दिवडेकर रीडर। उस ज़माने में जब 'बॉस' की चापलूसी करना करीब-करीब भारतीय परम्परा बनती जा रही हो, बान्दिवडेकर जी तैश में बोल रहे थे, दीक्षित जी भी। यह दोनों का बड़प्पन कि संगोष्ठी के बाद दोनों ने ही कोई कटुता मन में नहीं रहने दी। मैंने तब देखा कि बाहर से मृदुल, मीठे इस व्यक्ति में विचारों के लिए कितनी दृढ़ता है, निर्भीकता है।

ईमानदारी, गम्भीरता, स्तरीयता जैसे समान आग्रहों के साथ हमारे बीच एक और साझेदारी रही है—काफी गुपचुप। प्रेम में गहरी आस्था...हालाँकि हमने कभी एक-दूसरे को अपने प्रेमप्रसंग नहीं बताये। कभी-कभी बताने तक पहुँचने लगे तो मुझे मेरी चालाकी ने रोक लिया (बान्दिवडेकर उसे नादानी कहते रहे कि बेटा सबकुछ तो उपन्यास-कहानियों में खोलकर रख दिये हो और उन्होंने आलोचना लिखते समय पंक्तियों के बीच भी खँगाल-पड़ताल कर ली है) और बान्दिवडेकर जीभ निकाल, आँखों से हँसते, न-न करते रह गये, अपने प्रसंग-प्रकटीकरण के ठीक पहले अपने को खींच ले गये। मैं तो लिखता रहा, फँसता रहा...इत्तफ़ाक कि आलोचक

बान्दिवडेकर भी हमारी यह साझेदारी लिखने के प्रकट करने से खुद को बचा नहीं सके। यह बिल्कुल इत्तफाक न हुआ कि मेरे प्रेम-उपन्यास 'तुम्हारी रोशनी में' की आलोचना लेख के फार्मेट में न आकर उनके पत्र के रूप में आयी जहाँ बान्दिवडेकर की प्रेम की परिकल्पना उस उपन्यास की आलोचना के माध्यम से प्रकट हुई है–जितनी वह हो सकती थी, मसलन बान्दिवडेकर लिखते हैं–

"क्या अब यह स्थिति नहीं आयी है कि व्यक्तित्व के प्रति जागरूक नर-नारी विकास को अवरुद्ध करने वाले वैवाहिक बन्धन को न स्वीकार कर भी पवित्र मानवीय स्नेह भाव के साथ रह सकते हैं–अगर ऐसे रहें तो कम-से-कम समाज में स्वीकृति भी मिलनी चाहिए।"

बान्दिवडेकर ने कब लिखा था यह...और तीन उपन्यासों के बाद 'कोहरे में कैद रंग' उपन्यास में मैं भी विवाह नाम की संस्था पर प्रश्नचिह्न लगाता नज़र आया... और आज तो खैर–समाज में–यानी कि बड़े शहरों के समाज में–वह चलन दिखाई दे रहा है, जिसकी तरफ बान्दिवडेकर का इशारा था।

यह है एक कृति को विस्तार देना–जिसकी अपेक्षा आलोचक से होती है और जो बान्दिवडेकर करते हैं। वह बात जो उपन्यास नहीं कह पाया, कहते-कहते रुक गया, वाक्यों में छिपा गया...उसे भी निकालकर पटल पर रख देना–जैसा बान्दिवडेकर 'तुम्हारी रोशनी में' की पत्रसमीक्षा के उपर्युक्त वाक्य में कर गये।

उसी उपन्यास और उसी समीक्षा के सन्दर्भ में एक और बात जो बान्दिवडेकर के व्यक्तित्व का एक और पक्ष खोलती है। बान्दिवडेकर लिखते हैं–"आप यह तो स्वीकार करवाते हैं–थोड़ी बहुत देह आ ही जाती है लेकिन उस 'थोड़ी-बहुत' को आप गूढ़ ही रहने देते हैं या उस स्थिति तक जाकर नहीं सोचते कि सम्बन्धों में परस्पर उत्कट भाव की परिणति अगर सम्पूर्ण शरीर के माध्यम से व्यक्त हो जाये तो क्या यह 'टैबू' जैनेन्द्र जी में अत्यधिक है–आप में क्षीण रूप में है।"

कल्पना कीजिए, बान्दिवडेकर जैसा मध्यवर्गीय, अनुशासित व्यक्ति डी. एच. लॉरेंस की बात कह रहा है। जाहिर है जितने खूँटे उन्होंने अपने व्यक्तिगत जीवन के चारों तरफ गाड़े वे उनकी वैचारिक स्वतन्त्रता या उड़ान को कभी बाधित नहीं कर पाये।

बान्दिवडेकर में मुझे इलाहाबाद (1959) में अपने अंग्रेजी विभाग के अध्यक्ष प्रो. देव की छवि नज़र आती है। वैसा ही गठीला शरीर, काले बाल, और काली झबरी मूँछें...और वैसा ही अनुशासन, जबर्दस्त अनुशासन। दोनों ही प्रोफेसर और दोनों की छात्रों के बीच ऐसी इज्ज़त...छात्र करीब-करीब पूजा करते हुए। प्रोफेसर देव की विद्वत्ता बान्दिवडेकर से बड़ी थी तो बान्दिवडेकर का लेखन बड़ा है। अगर किसी को कल्पना करना हो कि प्रोफेसर कैसा हो तो प्रो. देव को तो अब देख नहीं पायेंगे, बान्दिवडेकर को देख लें–प्रोफेसर जो बराबर विद्यार्थी रहता है, जो बोलने के

साथ-साथ लिखता भी चलता है, रिटायरमेंट के बाद भी जीवन के अन्तिम प्रहरों तक...और अगर उसका विषय साहित्य है तो उस भाषा के अद्यतन साहित्य के सम्पर्क में रहता है। बान्दिवडेकर ने यह कार्य एक साथ हिन्दी और मराठी में कर दिखाया—जिस योगदान को दोनों ही भाषाओं में माना जाता है।

अफसोस कि अब विश्वविद्यालयों में बान्दिवडेकर जैसे प्रोफेसर नहीं के बराबर हैं। समकालीन लेखन से सम्पर्क तो दूर, उसे पढ़ने, उस पर लिखने जैसी चीज़ को हतोत्साहित किया जाता है, क्योंकि 'हैड' की पढ़ने-लिखने में रुचि नहीं, बस कबीर-सूर-तुलसी ...प्रेमचन्द तक पढ़ाते रहिए...वह जो आपने पढ़ा था एम.ए. करने के दौरान। बान्दिवडेकर के साथ लेखन-पठन और भी महत्त्वपूर्ण है क्योंकि उन्होंने शिक्षक की नीची सीढ़ी से शुरुआत की थी, अहिन्दी-भाषी होते हुए हिन्दी में आलोचना-कर्म किया और हिन्दी के दिग्गज आलोचकों के समकक्ष हैसियत हासिल की।

पहले की तरह अब बान्दिवडेकर मेरे हर नये उपन्यास पर नहीं लिखते, समीक्षा। छुटपुट आलोचना से हाथ खींच एक-दो बड़ी किताबों पर ही ध्यान जमाये हैं। वे न लिखें, पर अपनी हर नयी रचना पर काम करते हुए मैं एक सजग आलोचक को अपने सिरहाने बैठा पाता हूँ।

□□